Eine Bildreise

Matthias Gretzschel / Georg Jung / Ellert & Richter Verlag

Auf Johann Sebastian Bachs Spuren

Autoren / Bildnachweis / Quellen / Impressum

Matthias Gretzschel, geb. 1957 bei Dresden, studierte nach einer Buchhändlerlehre an der Leipziger Universität evangelische Theologie. Nachdem er 1988 im Fachgebiet „Christliche Archäologie und Kirchliche Kunst" promoviert hatte, war er als freier Autor und Journalist in Leipzig tätig. Heute arbeitet er als Feuilletonredakteur beim „Hamburger Abendblatt". Im Ellert & Richter Verlag erschienen seine Bücher „Dresden – Spaziergänge", „Die Dresdner Frauenkirche", „Dresden aus der Luft: Von der Sächsischen Schweiz bis Meißen" und in der Reihe Eine Bildreise „August der Starke und seine Schlösser", „Auf Martin Luthers Spuren", „Sachsen", „Sachsen-Anhalt" und „Der Harz".

Georg Jung, geb. 1945 im Sudetenland. Berufsausbildung in der Werbung, danach Studium an der Hochschule für Bildende Künste in Berlin und anschließend an der Universität Hamburg in den Fächern Psychologie und Ethnologie. Heute arbeitet er freiberuflich als Reiseschriftsteller und Fotograf. Zu seinen Veröffentlichungen zählen mehrere Bildbände. Im Ellert & Richter Verlag erschienen die Bildreisen „Rügen", „Der Darß, Fischland und Zingst", „Der Harz", „Auf Theodor Fontanes Spuren" und „Sachsen-Anhalt" sowie „Das große Rügen-Buch".

Literatur:

Martin Geck: Johann Sebastian Bach.
Reinbek, 1993
Karl Geiringer: Die Musikerfamilie Bach.
München, 1977
Winfried Hoffmann: Reisen zu Bach.
Erinnerungsstätten an Johann Sebastian Bach.
Leipzig, 1985
Walter Kolneder: Bach Lexikon.
Bergisch-Gladbach, 1982
Luc-André Marcel: Johann Sebastian Bach in Selbstzeugnissen und Bilddokumenten.
Reinbek, 1988
Martin Petzoldt, Joachim Petri: J. S. Bach. Ehre sei dir Gott gesungen.
Berlin, 1988
Klaus Peter Richter: J. S. Bach – Leben und Werk in Daten und Bildern.
Frankfurt, 1985
Schweitzer, Albert: Johann Sebastian Bach.
Leipzig, 1965
Hansdieter Wohlfahrt: Johann Sebastian Bach.
Freiburg i. Brg., 1984

Titelabbildung: Bachdenkmal in Eisenach

Farbfotos: Georg Jung, Hamburg

Farb- und S/W-Abbildungen:
Bildarchiv Preussischer Kulturbesitz, Berlin:
S. 27: Kupferstich von Reisgefehrt, 1686,
S. 61: Kupferstich von G. Lichtensteger,
S. 72: Zeitgenössische Rötelzeichnung,
S. 73: Radierung von J. H. Lips, 1758–1817,
S. 81: Colorierter Kupferstich von Johann Georg Schreiber, um 1740,
S. 83: Adolph Menzel, Das Flötenkonzert, 1850/52, Nationalgalerie SMPK Berlin,
S. 84: Gemälde von Elias Gottlieb Haussmann, 1746, Stadtgeschichtliches Museum, Leipzig,
Historisches Museum, Köthen: S. 70/71
Georg Jung, Hamburg: S. 7, 26, 59
Museum für Kunst- und Kulturgeschichte, Lübeck: S. 40/41
Neue Bachgesellschaft Museum Bachhaus, Eisenach: S. 17
Schloßmuseum, Arnstadt: S. 39 (Titelblatt eines Arnstädter Gesangbuches, Holzschnitt, um 1700)

Karte: ComputerKartographie Huber, München

Die Deutsche Bibliothek – CIP-Einheitsaufnahme

Auf Johann Sebastian Bachs Spuren /
Matthias Gretzschel; Georg Jung. – 6. Aufl. –
Hamburg: Ellert und Richter, 1999
 (Eine Bildreise)
 ISBN 3-89234-451-5
NE: Gretzschel, Matthias; Jung, Georg

© Ellert & Richter Verlag GmbH, Hamburg 1993
6. Auflage 1999

Text und Bildlegenden: Matthias Gretzschel, Hamburg
Gestaltung: Büro Hartmut Brückner, Bremen
Lektorat: Dorothee v. Kügelgen, Hamburg
Farblithographie: scantrend, Brümmer & Partner, GmbH, Offenbach
Lithographien im Textteil: Lithographische Werkstätten Kiel, Kiel
Satz: C. H. Wäser Offset GmbH, Bad Segeberg
Druck: C. H. Wäser Offset GmbH, Bad Segeberg
Bindung: S. R. Büge, Celle

Inhalt

Herkunft, Familie, Persönlichkeit

„Nicht Bach, Meer sollte er heißen." Dieser Ausspruch wird Ludwig van Beethoven zugeschrieben. Er hatte die musikalische Genialität Johann Sebastian Bachs früh erkannt. Diese Wertschätzung, die heute – da Bach längst als der weltweit am meisten gespielte Komponist gilt – selbstverständlich erscheint, war bis ins 19. Jahrhundert hinein eher die Ausnahme. Bach hatte zwar lebenslang Erfolg, doch er selbst fühlte sich keineswegs als genialer Künstler, und er wurde auch von seinen Zeitgenossen nicht als solcher betrachtet. Zum einen war künstlerische Autonomie im modernen Sinn in der absolutistischen Gesellschaft des Barock noch unbekannt, zum anderen war Bach durch die Tradition einer Familie geprägt, in der Musik jahrzehntelang als eine Art künstlerisches Handwerk gepflegt worden war.

Die Bach-Familie – ein geradezu einzigartiges Phänomen in der deutschen Musik- und Kulturgeschichte – ist bis zur Mitte des 16. Jahrhunderts nachweisbar. Wechmar, ein kleines zwischen Erfurt und Eisenach gelegenes Dorf, gilt als Wiege der „Bache". In Johann Sebastian Bachs von ihm selbst begonnenen und später von seinem Sohn Carl Philipp Emanuel fortgesetzten Chronik „Der Ursprung der musicalisch-Bachischen Familie" heißt es zu dem frühesten nachweisbaren Vorfahren Veit Bach, er sei „ein Weißbecker in Ungern" gewesen, der im 16. Jahrhundert „der lutherischen Religion halben aus Ungern entweichen" mußte. Er ließ sich im lutherischen Thüringen nieder und ging im Dorf Wechmar seinem Müllerhandwerk nach, wobei er sich gern mit dem Spiel eines Saiteninstruments unterhalten habe. „Dies ist gleichsam der Anfang zur Music bey seinen Nachkommen gewesen", stellt die Chronik dazu fest.

Über sieben Generationen hinweg waren die Angehörigen der Bach-Familie in Thüringen in allen nur denkbaren musikalischen Berufen tätig. Sie wirkten als Bierfiedler, Turmbläser, Stadtpfeifer, aber auch als gut bezahlte Hofmusikanten, als Organisten und Kantoren. Die „Bache" galten damals in Thüringen nicht nur als Familien-, sondern gleichzeitig auch als Berufsbezeichnung. In Bachs „Nekrolog" heißt es: „Johann Sebastian Bach gehörte zu einem Geschlecht, welchem Liebe und Geschicklichkeit zur Musik, gleichsam als ein allgemeines Geschenk, für alle seine Mitglieder, von der Natur mitgetheilet zu seyn scheinen." Johann Sebastian Bach fühlte sich seiner Familie sehr verbunden, er betrieb Ahnenforschung, beteiligte sich gern an den regelmäßig stattfindenden Familientreffen und gab durch Erziehung und Ausbildung die musikalische Tradition an seine Kinder weiter. Doch was ist er für ein Mensch gewesen?

Selbstbewußt war er ganz sicher, das zeigte sich schon in seiner frühen Jugend. Er war sich wohl der Einzigartigkeit seiner Kunst nicht bewußt, doch war er überzeugt, daß er Überdurchschnittliches leistete – und das wollte er entsprechend honoriert wissen. In Gehaltsverhandlungen kam er mit diesem Selbstbewußtsein, aber auch mit Geschick und Zähigkeit meistens zum Ziel. In Geldsachen war er im übrigen ein wenig krämerisch veranlagt, vielleicht als Folge seiner schweren Kindheit, in der er nach dem frühen Tod der Eltern plötzlich mittellos auf die Hilfe anderer angewiesen war. Bach war leidenschaftlich und temperamentvoll. Im Streit konnte er reichlich unangenehm werden, denn er trat auch dann rechthaberisch und fordernd auf, wenn seine Position nicht allzu sicher war. Mit ein wenig mehr Kompromißbereitschaft hätte er sich – vor allem während seiner Leipziger Tätigkeit – eine Menge Ärger ersparen können. Mit Sicherheit ist er ein liebevoller Familienvater gewesen. Ebenso verantwortungsbewußt wie umsichtig war er um das Wohl seiner vielköpfigen Familie besorgt. Zu seinen charakteristischen Wesenszügen gehörte auch beachtlicher Fleiß. Obwohl sein Werk nur unvollständig erhalten blieb, ist sein Umfang gewaltig. Es zeugt von Bachs lebenslangem Interesse, an musikalischen Entwicklungen zu partizipieren. Trotz der enormen eigenen Kreativität war er sich nicht zu schade, Werke anderer Komponisten mühevoll abzuschreiben, einzustudieren, aufzuführen und zu bearbeiten. Zu Berufskollegen hatte er in aller Regel ein freundschaftliches Verhältnis. Es gehörte zu den eigentümlichen Zufällen in Bachs Leben, daß er seinem bedeutendsten zeitgenössischen Kollegen, dem im nur 40 Kilometer von Leipzig entfernten Halle geborenen Georg Friedrich Händel, niemals persönlich begegnet ist, obwohl er sich mehrfach darum bemüht hatte.

Mehr noch als Händel war Bach von tiefer Religiosität geprägt. Tod und Erlösung sind nicht nur wesentliche Motive von Bachs sakraler Musik, sie bestimmten auch seine persönliche Frömmigkeit. Der theologisch interessierte und gebildete Komponist fühlte sich der reformatorischen Lehre seines thüringischen Landsmanns Martin Luther in besonderer Weise verbunden.

Nach Bachs Tod geriet sein musikalisches Werk zunächst fast in Vergessenheit. 52 Jahre danach, im Jahre 1802, erschien die erste Bach-Biographie von Johann Nikolaus Forkel, in der der Komponist erstmalig umfassend gewürdigt wird. Doch die Wiederentdeckung der Bachschen Musik war zunächst eine Angelegenheit von Insidern und Kennern der damaligen Musikszene. So widmete sich Karl Friedrich Zelter zwar mit seiner Berliner Singakademie den Bachschen Werken, trat damit aber noch nicht an eine größere Öffentlichkeit. Der Durchbruch kam erst im Jahre 1829, als Felix Mendelssohn-Bartholdy die völlig vergessene Matthäuspassion mit der Berliner Singakademie zum erstenmal wieder aufführte. Das mit Geistesgrößen wie Georg Wilhelm Hegel, Friedrich Schleiermacher und Heinrich Heine hochkarätig besetzte Publikum war tief beeindruckt. Bald folgten weitere Aufführungen in Frankfurt, Breslau, Stettin, Königsberg, Kassel und Dresden. Mendelssohn-Bartholdy war es auch, der dafür sorgte, daß Johann Sebastian Bach in Leipzig ein erstes Denkmal erhielt. Am 5. August 1840 gab er in der Thomaskirche ein Orgelkonzert, dessen Erlös für das geplante Denkmal bestimmt war. Da die Mittel aber

noch nicht reichten, folgte ein Jahr später die erste Leipziger Wiederaufführung der Matthäuspassion. Am 23. April 1843 konnte das Denkmal, das der Dresdner Akademieprofessor Eduard Bendemann nach Mendelssohn-Bartholdys Vorstellungen entworfen hatte, eingeweiht werden. Das Monument, das auf einem von Säulenbündeln gerahmten Sockel ruht, hat die Form eines gotischen Sakramentshäuschens. Während auf der einen Seite ein modelliertes Bachporträt zu sehen ist, zeigen die anderen Seitenflächen Genien, die Bachs Leipziger Tätigkeiten als Organist, Komponist, Lehrer und Kantor symbolisieren.

Seit 1908 steht vor der Südseite der Leipziger Thomaskirche das große Bach-Denkmal. Um eine möglichst authentische Darstellung zu erreichen, hatte sich der Bildhauer Carl Seffner, der die 2,45 Meter hohe Bachfigur schuf, bei seiner Entwurfsarbeit an anatomischen Befunden orientiert, die bei der Identifikation der Bachschen Gebeine Ende des 19. Jahrhunderts erhoben worden waren.

Johann Sebastian Bach war geprägt durch seine thüringisch-sächsische Heimat, die gewiß zu den kulturell fruchtbarsten Regionen in Deutschland gehörte. Die Weltläufigkeit seines Hallenser Kollegen Georg Friedrich Händel war ihm fremd. Obwohl er mit Lüneburg, Hamburg und Lübeck einige norddeutsche Städte kennengelernt hatte, war er ausschließlich im mitteldeutschen Raum tätig. Diese regionale Beschränkung bildet einen bemerkenswerten Kontrast zu der grenzenlosen Wirkung der Bachschen Musik. Selbst in Ländern außerhalb des europäischen Kulturkreises sind seine Werke fester Bestandteil des musikalischen Lebens. Wie stark sie Menschen in aller Welt berühren, zeigt auch das große Interesse, das Bachs Schicksal und Lebensumständen entgegengebracht wird.

Dieses Buch stellt jene Städte und Stätten vor, die zu Stationen im Leben des bedeutenden Komponisten und Musikers geworden sind. Auf seinen Spuren führt diese Reise in reizvolle Landschaften und historische Städte, zu prachtvollen Schlössern und jenen jahrhundertealten Kirchen, in denen Bach seine Orgelwerke, seine Kantaten und Oratorien aufgeführt hat.

D as
kleine Dorf Wechmar steht
am Anfang einer großen
Geschichte: Im Jahre 1545
flüchtete der Bäcker Veit
Bach, der als Protestant in
Ungarn verfolgt worden
war, in den unweit von
Gotha gelegenen
thüringischen Ort. Er soll –
so ist es überliefert – beim
Kornmahlen musiziert
haben; seine Nachkommen
waren bald als Bierfiedler,
Stadtpfeifer, Organisten,
Kantoren und Hof-
musikanten tätig, so daß
der Name Bach in
Thüringen nicht mehr nur
als Familien-, sondern
zugleich als eine Art
musikalische Berufs-
bezeichnung galt.

Die Originalpartitur der Matthäuspassion vermittelt einen Eindruck von Johann Sebastian Bachs Schriftbild. Dieses Werk, das mit seiner einzigartigen Verbindung von Dramatik und Emotionalität, Leidenschaft und Meditation zu den bewegendsten Schöpfungen des Thomaskantors zählt, wurde vermutlich im Jahre 1729 in Leipzig uraufgeführt. Nach dem Tod des Komponisten war sie fast völlig in Vergessenheit geraten. Die Wiederaufführung der Matthäuspassion durch Felix Mendelssohn-Bartholdy in der Berliner Singakademie am 11. März 1829 markiert den Beginn der heutigen Bach-Tradition.

O

rgelkompositionen nehmen einen besonders wichtigen Platz im Schaffen Johann Sebastian Bachs ein. Er war ein hervorragender Interpret, dessen Improvisationskunst die Zeitgenossen immer wieder in Erstaunen versetzte. Er interessierte sich aber schon als Schüler auch für die technischen Fragen des Instrumentenbaus, so daß bald sein Rat als Orgelbau-Experte gefragt war. Unsere Abbildung zeigt eine Hausorgel, die im Jahre 1722 von G. H. Heinrich im österreichischen Heinburg gebaut wurde und sich heute im Bach-Haus in Eisenach befindet.

E

in wenig versteckt in den
Parkanlagen des Dittrich-
rings steht das alte
Leipziger Bach-Denkmal.
Felix Mendelssohn-
Bartholdy hatte dafür
gesorgt, daß Bach im Jahre
1843 hiermit zum ersten
Mal ein Denkmal gesetzt
wurde. In einem Brief, der
im Leipziger Stadtarchiv
aufbewahrt wird, kündigt er
die Denkmalseinweihung
folgendermaßen an: „Ich
beabsichtige, im Saal des
Gewandhauses ein Konzert
mit lauter Vokal- und
Instrumentalkompositio-
nen des unsterblichen
Meisters zu geben; nach
beendigtem Konzert dachte
ich dann, mit einem Teil
des Sängerchores an die
Thomasschule zum
Denkmal hinzugehen und,
nach Absingen eines
Bachschen Chorals,
dasselbe der Stadt als
Eigentum zu übergeben."

Die Kindheit – Eisenach und Ohrdruf: 1685 – 1700

In der zweiten Hälfte des 17. Jahrhunderts hatte die thüringische Residenzstadt Eisenach etwa 7.000 Einwohner: Handwerker, städtische Beamte, Patrizier und Angehörige des Hofes. Noch war die Erinnerung an den Dreißigjährigen Krieg, der Deutschland in unvorstellbarem Ausmaß verwüstet hatte, wach, und der erst im Jahre 1648 wiedererlangte Frieden erschien den Menschen als ein kostbares Gut. Das Leben in Eisenach lief wieder in geregelten Bahnen. Wie zu Martin Luthers Zeiten, der 1498 als Lateinschüler hierher gekommen war, zogen Kurrendaner singend durch die engen Gassen der von Wällen und Türmen umgebenen Stadt. Musik spielte auch am Hofe des wettinischen Herzogs Johann Georg I. eine wichtige Rolle. Er selbst hatte eine Hofkapelle gegründet, die in der Alten Residenz am Markt musizierte. Neben auswärtigen Musikern wirkten hier der Stadtpfeifer (auch Hausmann genannt) und seine Gesellen mit. Sie bezogen ihre Gehälter vom Rat und hatten die Aufgabe, den Türmerdienst und kirchenmusikalische Tätigkeiten wahrzunehmen, mußten aber auch zu festlichen Anlässen der Stadt aufspielen.

Seit 1671 übte der aus Erfurt zugezogene Johann Ambrosius Bach das Amt des Eisenacher Stadtpfeifers aus. Sechs Jahre später berief ihn sein Landesherr zusätzlich als Trompeter in die Hofkapelle.

Am 21. März 1685 wurde Johann Ambrosius Bachs achtes Kind geboren. Zwei Tage später ließ man den Knaben in der Georgenkirche auf den Namen Johann Sebastian taufen.

Viel wissen wir über Johann Sebastians Kindheit nicht, nur eines steht fest: Seine außerordentliche musikalische Begabung zeigte sich schon sehr zeitig. Doch das war in der Bachfamilie ja nichts Ungewöhnliches. Ganz selbstverständlich unterwies der Vater ihn im Geigenspiel, und vom achten Lebensjahr an war er auch ein begeisterter Chorsänger. Johann Sebastians Kindheit wurde überschattet durch den frühen Tod seiner Eltern. Die Mutter starb im Mai 1694, der Vater wenig später im Februar 1695. Der Verlust der Eltern war für den Heranwachsenden ein erschütterndes Erlebnis. Vielleicht liegt hier auch die Erklärung für seine beinahe schwärmerische Todessehnsucht und die Bindung an den christlichen Erlösungsgedanken, die Persönlichkeit und Werk Johann Sebastian Bachs so nachhaltig prägen sollten.

Da Unterhalt und Erziehung des Kindes gesichert werden mußten, nahm Johann Sebastians vierzehn Jahre älterer Bruder Johann Christoph Bach, der die Organistenstelle in der thüringischen Kleinstadt Ohrdruf innehatte, ihn zu sich.

Verweilen wir noch ein wenig in der Geburtsstadt des Komponisten. In den Grünanlagen am Frauenplan steht das 1884 vollendete Denkmal, das Bach als selbstbewußten und erfolgreichen Bürger in der Kleidung des 18. Jahrhunderts darstellt.

Gleich nebenan, am Frauenplan 21, steht das Bachhaus, ein stattliches Wohnhaus aus dem 17. Jahrhundert. Dieses Gebäude galt lange Zeit als Johann Sebastian Bachs Geburtshaus. Im Jahre 1867 schlug der Musikhistoriker Carl Heinrich Bitter daher vor, eine Erinnerungstafel anzubringen. Am Anfang dieses Jahrhunderts regte dann die in Leipzig ansässige Neue Bachgesellschaft an, das Haus zu kaufen und hier eine Gedenkstätte einzurichten. Prominente, wie der Geiger Joseph Joachim und der Dirigent Hans Freiherr von Bülow, unterstützten diese Idee, und schon bald trafen aus aller Welt Spenden ein, so daß im Jahre 1907 ein Museum eröffnet werden konnte.

Im Zweiten Weltkrieg wurde das Bachhaus stark beschädigt, doch bereits 1947 konnte es wiedereröffnet werden. Möbel aus Bachs Besitz sind allerdings nicht zu besichtigen, da sie ausnahmslos verlorengingen. Dennoch vermittelt das Gebäude mit zeitgenössischen bürgerlichen Möbeln einen lebendigen Eindruck von den alltäglichen Lebensbedingungen der Bachfamilie. Von Interesse ist auch die wertvolle Instrumentensammlung, die ausschließlich jene Musikinstrumente aus dem 17. und 18. Jahrhundert zeigt, die in Bachs Kompositionen gespielt werden. In einem weiteren Ausstellungsteil sind Briefe, Noten und zeitgenössische Dokumente zu sehen.

Am 21. März, Bachs Geburtstag, finden Jahr für Jahr eine Kranzniederlegung am Denkmal und anschließend ein Konzert im Instrumentensaal des Bachhauses statt. Auch wenn sich inzwischen herausgestellt hat, daß Johann Sebastian Bach wahrscheinlich nicht hier geboren wurde, im Haus am Frauenplan scheint der genius loci des großen Meisters sehr gegenwärtig zu sein.

Sehenswert ist die Georgenkirche, Eisenachs Haupt-, Stadt- und Pfarrkirche. Das ursprünglich romanische Gebäude wurde im 16. Jahrhundert zur dreischiffigen Hallenkirche umgebaut. Zur wertvollen Ausstattung gehören u.a. die 700 Jahre alten Grabsteine der Thüringer Landgrafen hinter dem Altar, die barocke Kanzel und der kostbare, mit reichen Schnitzereien versehene Orgelprospekt von 1719. 132 Jahre lang haben Mitglieder der Familie Bach hier den Organistendienst versehen. Erhalten blieb auch der Taufstein von 1503, über den Johann Sebastian Bach am 23. März 1685 gehalten wurde.

Zehn Jahre ist Johann Sebastian alt, als er und sein Bruder Johann Jacob im Hause des ältesten Bruders Johann Christoph in Ohrdruf Aufnahme finden. „Ein Städtlein und darin ein Schloß" schrieb Matthäus Merian

in der Mitte des 17. Jahrhunderts und meinte damit Schloß Ehrenstein, eine vierflügelige Renaissanceanlage, die im Jahre 1590, also ein knappes Jahrhundert vor Bachs Aufenthalt, fertiggestellt worden war. Die kleine Residenz gehörte damals zum Herrschaftsgebiet des Herzogs Ernst I. von Sachsen-Gotha, der als orthodoxer Lutheraner die Einrichtung von Lateinschulen veranlaßt hatte. Die Ohrdrufer Lateinschule, die Bach nun besucht, geht auf die älteste thüringische Klosterschule zurück und hatte sich zur bedeutendsten Bildungsstätte des Herzogtums entwickelt. Für Johann Sebastian ein Glücksfall, denn so kann er sich vor allem in den Fächern Griechisch, Latein, Arithmetik und in sprachstilistischen Übungen eine solide Bildung aneignen. Prägend ist auch die streng nach der lutherischen Orthodoxie ausgerichtete religiöse Unterweisung.

Als Johann Sebastian Bach im Jahre 1685 in Eisenach geboren wurde, war die turmreiche Stadt zu Füßen der Wartburg noch von einer wehrhaften Mauer umgeben. Der Kupferstich mit der Ansicht der thüringischen Residenz entstand Anfang des 18. Jahrhunderts.

Zunächst geht er gemeinsam mit seinem drei Jahre älteren Bruder Johann Jacob zur Schule, doch dieser verläßt Ohrdruf im Jahre 1696 wieder, um in Eisenach beim Nachfolger des Vaters im Amt des Stadtpfeifers in die Lehre zu gehen. Johann Sebastian vervollkommnet seine musikalische Ausbildung als Angehöriger des Chores der Lateinschule, aber vor allem unter der Anleitung seines ältesten Bruders. Seit 1690 war Johann Christoph Bach Organist an der Ohrdrufer Michaeliskirche. Auch Johann Sebastian darf nun auf der Orgel von St. Michaelis spielen, was für seine weitere Entwicklung große Bedeutung hat. Lernt er hier doch die Orgelwerke von Johann Pachelbel, einem Freund seines älteren Bruders, von Johann Jakob Frohberger, Dietrich Buxtehude und anderen zeitgenössischen Komponisten kennen.

Die folgende Anekdote zeugt von der musikalischen Leidenschaft des Knaben: Johann Christoph Bach besaß ein Notenbuch mit den Werken der berühmtesten zeitgenössischen Meister, für die sich Johann Sebastian natürlich besonders interessierte. Doch – aus welchen Gründen auch immer – verweigerte ihm der Bruder das Buch, das in einem mit Gitterstäben versehenen Schrank verschlossen lag. Ein halbes Jahr lang schlich sich Johann Sebastian Nacht für Nacht an den Schrank heran, langte mit seiner schmalen Hand zwischen den Gitterstäben hindurch und zog das Buch

heraus. „Bey Mondenscheine" kopierte er das Werk komplett, wurde aber schließlich von Johann Christoph Bach ertappt, der „ihm seine mit so vieler Mühe verfertigte Abschrift ohne Barmherzigkeit abnahm".

Eine anrührende Geschichte, aber ob sie auch wahr ist? Es spricht einiges dafür, denn immerhin wurde sie bereits 1754 in dem von Carl Philipp Emanuel Bach und Johann Friedrich Agricola verfaßten „Nekrolog" veröffentlicht.

Für Johann Christoph, dessen Familie sich inzwischen vergrößert hat, wird es immer schwieriger, den Unterhalt des jüngsten Bruders zu bestreiten. Daher entschließt sich dieser im Jahre 1700, 15jährig, gemeinsam mit seinem Freund Georg Erdmann nach Lüneburg zu gehen. Als mittelloser Waise hatte er die Chance, an der dortigen Lateinschule eine Freistelle zu bekommen.

Viel ist in Ohrdruf von Bachs Lebens- und Wirkungsstätten nicht übriggeblieben: Das Wohnhaus des Bruders fiel einem Stadtbrand zum Opfer. Nur noch eine Gedenktafel am Thüringer Hof in der heutigen Johann-Sebastian-Bach-Straße erinnert daran. Die Michaeliskirche sank bei einem alliierten Bombenangriff im Zweiten Weltkrieg in Schutt und Asche. Erhalten blieb der quadratische Turm, an dem ebenfalls eine Erinnerungstafel angebracht worden ist. Schloß Ehrenstein hat dagegen die Zeiten überdauert. Hier dürfte Bach als Mitglied des Schulchores an musikalischen Aufführungen teilgenommen haben. Im Rokokosaal ist eine Gedenkstätte eingerichtet worden, in der u. a. die Matrikel der Schule ausgestellt sind, durch die Bachs Schulbesuch nachweisbar ist. Zur Ausstellung gehört ferner eine Bachbüste, die der Bildhauer Aurelio Micheli im Jahre 1874 geschaffen hat.

Johann Sebastian Bach wurde im Jahre 1685 in Eisenach geboren. Über der Stadt thront majestätisch Deutschlands berühmteste Burg. Durch Martin Luther, der hier die Bibel ins Deutsche übersetzte, wurde die Wartburg zum Symbol der Reformation. Bach fühlte sich seinem thüringischen Landsmann besonders verbunden: Als größter Meister der protestantischen Kirchenmusik brachte er die luthersche Sprache in einzigartiger Weise zum Klingen.

D^{er}
Turm der Georgenkirche
streckt sich hoch über die
vielfach noch mittel-
alterlichen Häuser der
Stadt Eisenach. In der
dreischiffigen gotischen
Hallenkirche, mit deren
Bau 1515 begonnen wurde,
befinden sich die Grab-
steine der thüringischen
Landgrafen. Am 23. März
1685 wurde Johann
Sebastian Bach in St. Georg
getauft. Später sang er als
Mitglied der Kurrende in
dieser Kirche – wie 200
Jahre vor ihm Martin
Luther, der einen Teil
seiner Schulzeit in Eisenach
verbrachte.

D

as Bachhaus am Eisenacher Frauenplan galt lange Zeit als Bachs Geburtshaus. Tatsächlich wurde er jedoch in einem anderen, nur wenig entfernten Gebäude, das auf dem Grundstück der heutigen Lutherstraße 35 stand, geboren. Dennoch vermittelt die hervorragend gestaltete Ausstellung im Bachhaus, das im Jahre 1906 von der Neuen Bach-Gesellschaft erworben und zur musealen Gedenkstätte umgewandelt wurde, einen faszinierenden Eindruck vom Leben und Wirken des Komponisten. Besonders berücksichtigt werden hierbei selbstverständlich die Tage der Kindheit, die Bach in Eisenach verlebt hatte.

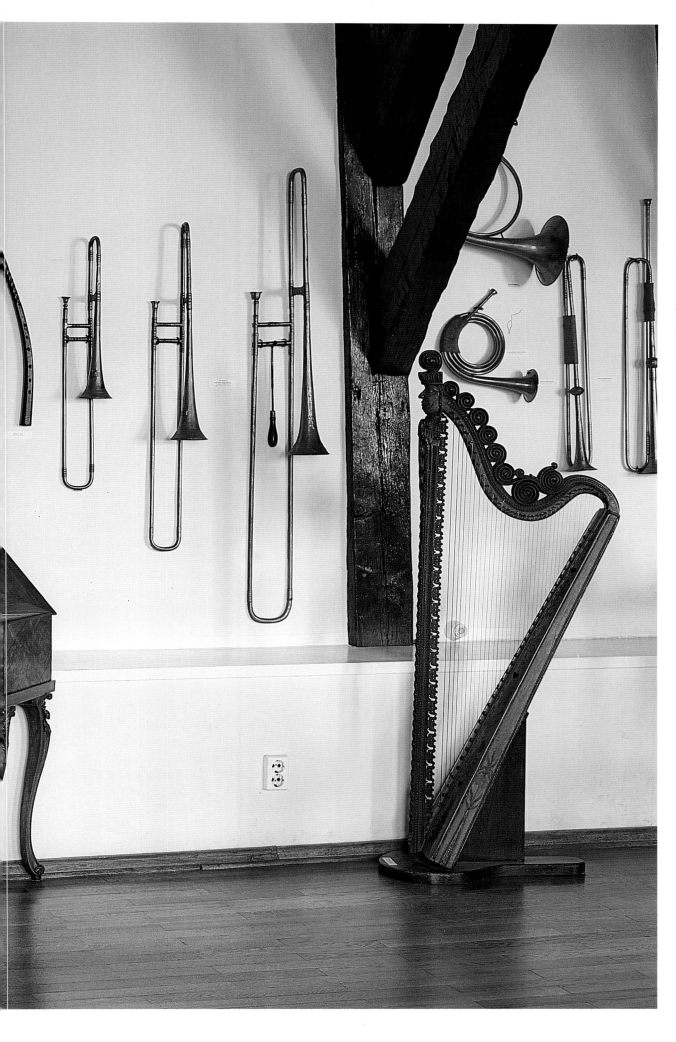

Zur besonderen Atmosphäre des Eisenacher Bachhauses trägt eine wertvolle Sammlung historischer Instrumente bei, die bei der Aufführung Bachscher Werke gebräuchlich waren. Das Querspinett aus der Werkstatt von Johann Heinrich Silbermann entstand um 1760. Darüber hängt ein Ölgemälde, das Johann Jacob Ihle im Jahre 1720 schuf. Vermutlich zeigt dieses Porträt Johann Sebastian Bach im Alter von 35 Jahren.

Die spätere Schulzeit – Lüneburg, Celle, Hamburg: 1700 – 1702

Elias Herda, Ohrdrufs Schul-Kantor, hatte Johann Sebastian von der reichen norddeutschen Stadt Lüneburg berichtet. Dort gebe es die Klosterschule St. Michael, an der mittellose Schüler aufgenommen würden, sofern sie auch über eine gute Stimme verfügten. Denn der Mettenchor von St. Michael sei weit über die Grenzen der Stadt hinaus bekannt und habe immer Bedarf an guten Sängern.

Da die Verhältnisse in Ohrdruf immer schwieriger wurden und die Aussicht auf eine Freistelle in Lüneburg verlockend erschien, machte sich der 15jährige Bach im März des Jahres 1700 gemeinsam mit seinem drei Jahre älteren Mitschüler Georg Erdmann auf den Weg. Etwa 350 Kilometer mußten die beiden zu Fuß zurücklegen, bis am Horizont die hochaufragenden Türme von St. Michaelis, St. Johannis, St. Nicolai und den anderen Lüneburger Kirchen vor ihnen auftauchten. Ein wenig beklommen mag ihnen zumute gewesen sein, denn obwohl sie ein Empfehlungsschreiben ihres Schul-Kantors in der Tasche hatten – sicher war der Eintritt in die Lüneburger Lateinschule keineswegs.

Johann Sebastian Bach hat Glück, denn er wird sofort in die frühere Klosterschule St. Michael aufgenommen. Die Schule ist zusammen mit einer sogenannten Ritterakademie im Gebäude des früheren Benediktinerklosters St. Michael untergebracht. Diese Ritterakademie ist eine Internatsschule für junge Adelige, die hier eine stark musisch ausgerichtete Bildung erhalten. Man inszeniert Theaterstücke, lernt den höfischen Tanz und führt französische Musik auf – für Johann Sebastian erschließt sich auf diese Weise eine gänzlich neue Welt.

Gemeinsam mit den adeligen Zöglingen singt er im berühmten Mettenchor, der in der Michaeliskirche regelmäßig Motetten, Kantaten und Oratorien aufführt. Schon bald bringt er

es zum Chorpräfekten, was ihm auch Zugang zu der reichhaltigen Musikbibliothek seiner Schule verschafft. Hier findet er nicht nur die zeitgenössische deutsche Musikliteratur vor, darunter die Werke der Komponisten seiner eigenen Familie, sondern auch die der italienischen und französischen Meister. An der Nicolaikirche wirkt zu dieser Zeit Johann Jakob Löwe, ein Schüler von Heinrich Schütz, und an der Johanniskirche sein Thüringer Landsmann Georg Böhm. Mit ihm steht Bach schon bald in freundschaftlicher Verbindung.

Lüneburg gehörte damals zum Besitz des Herzogs Georg Wilhelm von Hannover-Braunschweig-Lüneburg. Seine Ehefrau, die Französin Eleonore Desmier d'Olbreuse, hatte dafür gesorgt, daß das Musikleben nach französischem Vorbild ausgerichtet wurde. Aus Frankreich kam auch Thomas de la Selle, der als Tanzlehrer an der Ritterakademie wirkte, zugleich aber auch Geiger an der Hofkapelle des Herzogs im nur unweit entfernten Celle war. Thomas de la Selle war Schüler von Jean-Baptiste Lully, dem Hofkomponisten Ludwigs XIV. gewesen und ein exzellenter Kenner der französischen Musik. Bach befreundete sich mit ihm, und beide reisten wiederholt nach Celle zu Theater- und Konzertaufführungen.

Die Dominante der einstigen Residenzstadt Celle bildet das von einem künstlichen Wassergraben umgebene Schloß, auf das alle Hauptstraßen hin

orientiert sind. Ursprünglich eine wehrhafte mittelalterliche Anlage, von der noch ein Turm mit vier Meter dicken Wänden zeugt, wurde das Schloß in den Jahren 1533 – 1558 im Renaissancestil umgebaut. Georg Wilhelm, dem letzten der Celler Herzöge, ist es zu danken, daß die Anlage später zu einem der schönsten Barockschlösser Norddeutschlands umgestaltet wurde. So hat es Bach kennengelernt, der hier wichtige musikalische Anregungen erhielt. Hier hörte er Konzerte der Hofkapelle mit Werken von Jean-Baptiste Lully, Louis Marchand, François Couperin und anderen französischen Meistern.

Doch der junge Bach besucht nicht nur Konzerte im Schloß, er lernt in Celle auch französische Orgelmusik kennen, einige Werke kopiert er sogar eigenhändig für Studienzwecke. Die Besuche in Celle sind für ihn, der nie nach Frankreich gereist ist, ein Glücksfall, denn an kaum einem anderen Ort in Deutschland hätte er die Möglichkeit gehabt, so intensiv mit französischer Musik und Kultur vertraut zu werden.

Bach besuchte Hamburg Anfang des 18. Jahrhunderts zum ersten Mal. Die Stadtansicht des Hamburger Malers Joachim Luhn, auf der die Türme von St. Nicolai, St. Katharinen, St. Petri und des Domes (von links nach rechts) zu sehen sind, hängt heute in der St. Jacobi-Kirche.

Zu den Autoritäten unter den Organisten des 17. und 18. Jahrhunderts gehörte Jan Adam Reinken, der die Organistenstelle an der Hamburger Hauptkirche St. Katharinen innehatte. Von ihm hat Bach in Lüneburg viel gehört, weil der dortige Kantor Georg Böhm, der aus einem Dorf in der Nähe von Ohrdruf stammte und die Bach-Familie gut kannte, ein Schüler von Reinken gewesen war. Im Jahre 1701 bricht Johann Sebastian zum erstenmal von Lüneburg nach Hamburg auf, um Reinken zu besuchen.

Hamburg ist die erste wirklich bedeutende Stadt, in die der junge Bach reiste. Heute würde er sie freilich kaum wiedererkennen, denn der große Stadtbrand von 1842 und die Zerstörungen des Zweiten Weltkriegs haben das Gesicht Hamburgs fast völlig verändert. Die Katharinenkirche, in der Bach voller Begeisterung Reinkens Orgelimprovisationen über den Choral „An Wasserflüssen Babylon" lauschte, ist 1943 zerstört und später stark vereinfacht wieder aufgebaut worden. St. Nikolai, wo der nicht minder berühmte Vincent Lübeck als Organist amtierte, ging bereits beim großen Stadtbrand von 1842 in Flammen auf. Der Nachfolgebau, ein großes neugotisches Gebäude, wurde im Zweiten Weltkrieg zerstört.

In dem bereits erwähnten Nekrolog ist über Bachs Hamburg-Besuch vermerkt: „In der St. Catharinenkirchenorgel in Hamburg sind gar 16 Rohrwerke. Der seel. Capelmeister, Hr. J. S. Bach in Leipzig, welcher sich einmal 2 Stunden auf diesem, wie er sagt, in allen Stücken vortrefflichen Werke hat hören lassen, konnte die Schönheit und Verschiedenheit des Klanges dieser Rohrwerke nicht genug rühmen."

Durch die Begegnung mit Reinken und Vincent Lübeck lernt Bach in Hamburg zwei herausragende Vertreter der norddeutschen Orgelmusik kennen, was sein eigenes Orgelschaffen stark beeinflußt. Er besucht aber auch die Hamburger Oper, die damals von Reinhard Keiser geleitet wird. Wie stark Bach die Hansestadt

beeindruckt hat, zeigt sich Jahre später, als er sich hier um eine Stelle bemühte – doch diese Geschichte muß später erzählt werden.

Bei dem inzwischen 16jährigen offenbart sich auch schon ein Charakterzug, der für ihn typisch werden sollte: Selbstbewußtsein. „Ich habe fleißig sein müssen, wer ebenso fleißig ist, der wird es ebenso weit bringen", soll Bach damals gesagt haben. An diesem Ausspruch, der allerdings nicht gesichert ist, zeigt sich die für jene Zeit typische Einschätzung der Musik als erlernbares Handwerk. Daß bei ihm weit mehr als Fleiß im Spiele war, dürfte Bach damals kaum bewußt gewesen sein.

Ostern 1702 beendet der junge Mann seine Lüneburger Lehrzeit; eine fruchtbare Periode, in der er wohl bereits seine ersten Orgelwerke komponierte. Vier Choralbearbeitungen, darunter das später mehrfach überarbeitete „Sei gegrüßet, Jesu gütig", werden für Frühwerke gehalten, die bereits in Lüneburg entstanden sind. Ganz sicher hat Bach sein Orgelspiel hier schon hoch entwickelt, denn bald darauf werden ihm die ersten Organistenämter angeboten.

Man muß es als Glücksfall der Geschichte betrachten, daß das malerische Lüneburg weitgehend vor Zerstörungen bewahrt blieb und sich daher seit Bachs Zeiten nicht grundlegend gewandelt hat. Die Michaeliskirche, Bachs hiesige Hauptwirkungsstätte, war anstelle eines zerstörten Vorgängerbaus in den Jahren 1376 bis 1418 von Benediktinermönchen

errichtet worden. Obwohl nicht mehr viel von der ehemals glanzvollen Ausstattung übriggeblieben ist, lohnt es sich, einen Blick in die Krypta zu werfen, die lange Zeit als Grablege der Herzöge von Braunschweig-Lüneburg diente.

Mit ihrem 108 Meter hohen mächtigen Backsteinturm beherrscht die Johanniskirche das mittelalterliche Stadtbild. Die fünfschiffige gotische Hallenkirche ist mit zahlreichen Kunstwerken ausgestattet. Die Mitte des 16. Jahrhunderts entstandene Orgel mit ihrem kostbaren Barock-Prospekt hat Johann Sebastian Bach zumindest gehört, vielleicht sogar selbst gespielt. Während St. Johannis weiträumig anmutet, wirkt das Innere der in der ersten Hälfte des 15. Jahrhunderts erbauten Nicolaikirche hochaufstrebend. Die Basilika mit ihrem schmalen, von einem reizvollen Sternrippengewölbe bekrönten Mittelschiff schließt sich der Tradition der nordfranzösischen Kathedralen an. Die barocke Orgel, an der Bach Jakob Löwe gehört hatte, existiert nicht mehr. Die heutige Orgel entstand – wie der neugotische Prospekt verrät – im späten 19. Jahrhundert. Sie gehört zu den wenigen in Norddeutschland erhaltenen romantischen Orgeln.

Das eindrucksvolle Stadtbild von Lüneburg ist vor allem von mittelalterlicher Architektur geprägt. Der Kupferstich entstand im Jahre 1686.

Im März des Jahres 1700 traf der 15jährige Johann Sebastian Bach in der reichen norddeutschen Stadt Lüneburg ein. Gemeinsam mit seinem Freund und Mitschüler Georg Erdmann hatte er den weiten Fußweg aus dem thüringischen Ohrdruf auf sich genommen, um sich an der hiesigen Klosterschule St. Michael zu bewerben. Da beide eine gute Stimme hatten und der berühmte Mettenchor der Schule immer auf der Suche nach schönen Knabenstimmen war, wurden sie aufgenommen. Für Bach war dies ein besonderer Glücksfall, denn in Lüneburg kam er zum erstenmal mit der norddeutschen Musikkultur in Berührung. Unsere Abbildung zeigt die Barockfassade des berühmten, im Kern noch mittelalterlichen Rathauses, die knapp zwei Jahrzehnte nach Bachs Lüneburger Aufenthalt entstanden ist.

D ie
Michaeliskirche, Bachs
wichtigste Lüneburger
Wirkungsstätte, war
anstelle eines älteren
Vorgängerbaus von 1376
bis 1418 in gotischen
Formen von Benediktiner-
mönchen erbaut worden.
Lange Zeit diente die
Krypta mit ihren reizvollen
Kreuzrippengewölben als
Grablege der Herzöge von
Braunschweig-Lüneburg.

Thomas de la Selle war Bachs Tanzlehrer an der Lüneburger Michaelisschule. Er wirkte aber zugleich auch als Geiger an der Hofkapelle des unweit gelegenen Celle, wo das musikalische Leben stark an französischen Vorbildern orientiert war. Bei Konzerten im Celler Schloß, zu denen de la Selle seinen Schüler wiederholt einlud, lernte Bach die Kompositionen von Jean Baptiste Lully, Louis Marchand, François Couperin und anderen französischen Meistern kennen. Das Schloß, das auf eine Burganlage zurückgeht, wurde von 1533 – 1558 im Renaissancestil und später, unter Georg Wilhelm, dem letzten Celler Herzog, in beschwingten Barockformen umgebaut.

D

ie erste große Stadt, die
Johann Sebastian Bach
kennenlernte, war
Hamburg. Mehrfach
machte er sich von
Lüneburg auf den Weg, um
die Hansestadt zu
besuchen. In der gotischen
Katharinenkirche, deren
Turmlaterne sich hoch über
das Häusermeer erhebt,
hörte Bach voller
Begeisterung die
Improvisationen des
berühmten Hamburger
Orgelmeisters Johann
Adam Reinken über den
Choral „An Wasserflüssen
Babylon". Als sich Bach
fast zwei Jahrzehnte später,
im Herbst 1720, um die
vakante Organistenstelle
von St. Jacobi bewarb, kam
es zu einer erneuten
Begegnung mit dem damals
bereits 97 Jahre alten
Reinken. Diesmal
improvisierte Bach,
ebenfalls an der Orgel der
Katharinenkirche, über den
gleichen Choral. Reinken
meinte daraufhin ergriffen:
„Ich dachte, diese Kunst
wäre gestorben; ich sehe
aber, daß sie in Ihnen lebt."

S eit 1693 besaß die Hamburger Hauptkirche St. Jacobi eine neue Orgel des berühmten norddeutschen Meisters Arp Schnitger – ein prachtvolles Instrument mit vier Manualen und sechzig Registern, dessen klangliche Möglichkeiten Bach faszinierten. Grund genug für ihn, sich im Jahre 1720 von Köthen aus um die frei gewordene Organistenstelle zu bemühen. Doch obwohl er seine Zuhörer beim Probespiel faszinierte, scheiterte seine Anstellung am Hamburger Krämergeist. Bach war nämlich nicht bereit, sich für seine Einstellung finanziell erkenntlich zu zeigen. So gaben die Hamburger Kirchenbürokraten einem zahlungswilligeren Mitbewerber den Zuschlag – und verspielten damit eine einmalige Chance.

Mehr als vierhundert Figürchen, aus Wachs, Holz und Stoff gefertigt, bevölkern in dem am Anfang des 18. Jahrhunderts erbauten Neuen Palais der thüringischen Residenz Arnstadt die berühmte Puppenstadt „Mon plaisir". Die Fürstin Augusta Dorothea zu Schwarzburg-Arnstadt hatte sie von Hofdamen und Handwerkern seit 1700 über mehrere Jahrzehnte in sowohl kunstvoller wie mühsamer Arbeit allein zu ihrer Erheiterung herstellen lassen. Doch „Mon plaisir" ist nicht nur eine vergnügliche Angelegenheit. Die 80 Puppenstuben mit den verschiedensten Szenen vermitteln darüber hinaus ein authentisches Bild vom Alltag einer kleinen Residenzstadt zu Beginn des 18. Jahrhunderts. Wer die frappierend detailgetreu gestalteten Puppenstuben „In der Apotheke", „Blick in den Weinkeller", „Im Hoftheater" oder „Hofmusikanten beim Konzert" betrachtet, kann sich sehr gut vorstellen, wie man in Arnstadt zur Bachzeit gelebt hat.

Als Johann Sebastian Bach im Jahre 1702 seine Lüneburger Lehrzeit beendet, ist er 17 Jahre alt und muß fortan allein für seinen Lebensunterhalt aufkommen. Organist will er nun werden, das liegt nahe, weil fast jeder zweite in seiner weitläufigen Verwandtschaft diesem Beruf nachgeht,

vor allem aber, weil Johann Sebastian sein Orgelspiel inzwischen so weit vervollkommnet hat, daß er ein solches Amt mühelos auszufüllen vermag. Drei Organisten-Stellen sind zu jener Zeit in Bachs thüringischer Heimat vakant: an der Eisenacher Georgenkirche, in der Bach getauft worden war, an der Jakobikirche in Sangerhausen und an der Arnstädter Bonifatiuskirche. Wir wissen nicht, ob Johann Sebastian sich in Eisenach um die Nachfolge seines Onkels Johann Christoph beworben hat. Die Stelle bekommt jedenfalls sein Vetter Johann Bernhard Bach. Johann Sebastian bewirbt sich zunächst in Sangerhausen, kann auch den Rat beim Probespiel überzeugen, wird aber auf Intervention des Herzogs Georg von Sachsen-Weißenfels dann doch nicht gewählt. Der Fürst hält es für geraten, statt des jugendlichen Anfängers lieber den verdienten Hofmusikus Johann August Kobelius mit dem Amt zu betrauen. Bleibt also nur noch Arnstadt übrig.

In der dortigen Bonifatiuskirche, die nach einem Stadtbrand im 16. Jahrhundert wieder aufgebaut worden war und nun meist Neue Kirche genannt wurde, ist der Mühlhausener Meister Johann Friedrich Wender gerade dabei, eine neue Orgel fertigzustellen. Bach rechnet sich große Chancen aus, die Arnstädter Stelle zu bekommen, muß sich aber noch bis zur Vollendung der Orgel im Jahre 1703 gedulden. Er überbrückt diese Zeit, indem er zunächst für drei Monate als Geiger in der Kapelle des Weimarer Herzogs Johann Ernst wirkt. In Weimar vertritt er auch den hochbetagten und kränkelnden Hoforganisten Johann Effler. Am 13. Juli 1703 erscheint Johann Sebastian in Arnstadt, um die neue Orgel zu prüfen. Mit Orgelbaufragen hatte er sich bereits in Lüneburg intensiv auseinandergesetzt, so daß er schon bald als Experte gilt.

Er prüft den Klang der einzelnen Register, die Spielbarkeit der Manuale und des Pedals und beginnt zu improvisieren. Die Arnstädter Honoratioren sind so beeindruckt, daß sie Bach ohne ein weiteres Probespiel die Organistenstelle antragen. Reichlich drei Wochen später, nämlich am 9.

August 1703, tritt Johann Sebastian Bach seine erste feste Stelle an. Er solle sich in seinem „anbefohlenen Ambte, Beruff, Kunst-Übung und Wissenschafft fleißig und treulich aufführen", heißt es etwas verschwommen im Einstellungsvertrag, aus dem ferner hervorgeht, daß sich Bachs Aufgaben auf die Begleitung der Gemeinde beim sonntäglichen Choralsingen, bei einer Betstunde am Montag und der Frühpredigt am Donnerstag beschränken. Dafür erhält er ein Jahresgehalt von 50 Gulden und zusätzlich 30 Thalern für Kost und Logis. Kein schlechter Job für einen Einsteiger, sollte man meinen. Doch die Sache hat einen Haken, denn das kirchliche Konsistorium, das sich einen Kantor für die Neue Kirche nicht leisten kann, erwartet von Bach, daß er zusätzlich mit den Zöglingen der Lateinschule Choräle und Kantaten einstudieren und aufführen soll.

Bach versucht sich dieser lästigen Pflicht soweit wie möglich zu entziehen, denn so exzellent er als Musiker ist, seine pädagogischen Fähigkeiten bleiben zeitlebens eher bescheiden. Konflikte sind also vorprogrammiert, und sie lassen auch nicht lange auf sich warten. Bach findet, daß die Schüler unmusikalisch und unwillig sind und läßt die Chorproben häufig ausfallen, was ihm Vorwürfe des Konsistoriums einträgt. Eines Tages kommt es sogar zu einem spektakulären Zwischenfall: Der Lateinschüler Johann Heinrich Geyersbach, den Bach kurz zuvor als „Zippel-Fagottist" beschimpft hat, lauert seinem Musiklehrer auf, als dieser gerade die Kirche verlassen hat und über den Markt läuft, und geht mit einem hölzernen Knüppel auf ihn los. Bach seinerseits zieht den Degen, und es kommt zu einem wüsten Handge-

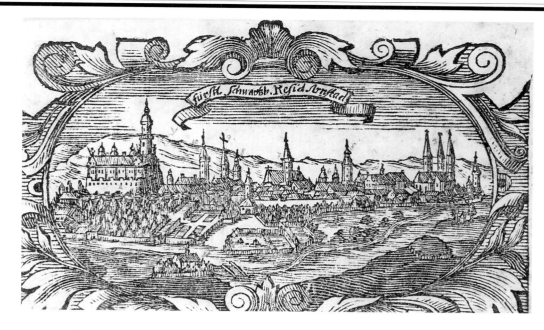

menge, das nur mühsam beendet werden kann. Dieser Vorfall, der ganz nebenbei belegt, daß handgreifliche Schüler-Lehrer-Auseinandersetzungen nicht nur eine Folge liberaler Erziehung sind, sondern bereits im 18. Jahrhundert eine reiche Tradition zeitigen, hat noch ein langes diziplinarisches Nachspiel.

Im großen und ganzen dürfte sich der junge Bach in Arnstadt jedoch recht wohl gefühlt haben, erfreute sich seine Familie doch enger Beziehungen zu der kleinen Residenz. Lange Zeit wirkten hier Bache als Hof- und Stadtmusikanten, aber auch als Kantoren und Organisten. Am Haus Kohlgasse Nummer 7 erinnert eine Gedenktafel daran, daß „Hier von 1687 – 1693 der Organist Johann Christoph Bach und bis 1732 sein Sohn, der Organist Johann Ernst

Dieser Holzschnitt, der um das Jahr 1700 entstanden ist und einen Blick auf Arnstadt von Norden zeigt, schmückt das Titelblatt eines Arnstädter Gesangbuches.

Bach" wohnten. Wahrscheinlich war auch Johann Sebastian einige Zeit hier untergekommen. Die meiste Zeit dürfte er aber im Ledermarkt Nummer 7, „Zur goldenen Sonne", im Haus des mit der Bachfamilie verwandten Bürgermeisters Feldhaus gewohnt haben. Hier ist er wohl auch seiner Cousine Maria Barbara Bach zum erstenmal gegegnet.

Am 17. Oktober 1707, kurz nach dem Ende seiner Arnstädter Zeit, läßt er sich mit ihr in dem nur unweit entfernten Dörfchen Dornheim trauen. Im Kirchenbuch von Dornheim, das heute in Arnstadt aufbewahrt wird, heißt es: „ein lediger gesell und organist zu S. Blasii in Mühlhausen ist mit der tugend samen Jungfer Marien Barberen Bachin copuliret, nachdem sie zu Arnstad auff gebothen worden." In jener Zeit entstand auch Bachs heiteres Hochzeitsquodlibet, das aus einer lockeren Liedfolge mit Anspielungen auf die Namen von Angehörigen der Bachfamilie besteht. Ganz bewußt hat Bach hier einige Stimmen falsch geführt – zum Gaudium aller Beteiligten.

Auf dem Arnstädter Marktplatz steht seit 1985, dem 300. Geburtstag des Komponisten, ein ungewöhnliches Denkmal. Es zeigt Johann Sebastian nicht als würdigen Kantor und Kirchenmusiker mit Notenblatt und Allongeperücke, sondern so, wie er wohl während seiner Arnstädter Jahre tatsächlich gewesen ist: jung, selbstbewußt und ziemlich eigenwillig. Der Hallenser Bildhauer Prof. Bernd Gö-

bel hat den Zwanzigjährigen als überlebensgroße Bronzestatue dargestellt, wie er zurückgelehnt auf der Orgelbank sitzt. Auf einer Tafel sind am Sockel die Lebensdaten Bachs graviert.

Bereits in Lüneburg hat Bach von dem wohl bedeutendsten norddeutschen Organisten und Komponisten Dietrich Buxtehude gehört, der als Kantor an der Lübecker Marienkirche wirkt. Da er ihn nun endlich kennenlernen will, wendet er sich im Herbst 1705 mit einem Urlaubsgesuch an das Konsistorium. Nachdem er für die Zeit seiner Abwesenheit in seinem Vetter, dem Arnstädter Johann Ernst Bach, einen kompetenten Vertreter gefunden hat, wird ihm der Urlaub bewilligt. Vier Wochen hat er nun Zeit für die weite Reise nach Norddeutschland. Die Begegnung mit Buxtehude ist für Bach so anregend und faszinierend, daß er darüber jedoch die Zeit vergißt. Nachdem die vereinbarten vier Wochen verstrichen sind, wartet man in Arnstadt vergeblich auf seine Rückkehr, was bei den Herren vom Rat und vom Konsistorium zunächst ein Stirnrunzeln hervorruft, das bald zum Unmut wächst.

Bach verschwendet jedoch kaum einen Gedanken an seine Arnstädter Pflichten. Er lauscht Buxtehudes Choralphantasien, einer völlig neuen Art der Choralbearbeitung, bei der die Melodie in einzelne Motive zerlegt und – mit kontrapunktierenden Nebenstimmen versehen – zu einem neuen Ganzen verschmolzen wird. Der damals schon fast siebzig Jahre alte Buxtehude hat Bachs außerordentliche Begabung schnell erkannt und würde ihn gern als seinen Nachfolger sehen.

Bach dürfte auch mit diesem Gedanken gespielt haben, immerhin ist das Lübecker Kantorenamt eine der renommiertesten und begehrtesten Stellen in ganz Deutschland. Was ihn letztlich davon abhielt, war ein gravierender Schönheitsfehler: Wer Kantor von St. Marien werden wollte, mußte nämlich die Tochter seines Vorgängers heiraten. Da sich die Reize von Buxtehudes etwas ältlicher Tochter in Grenzen hielten, hatten bereits 1703 Georg Friedrich Händel und der aus Hamburg stammende Musiker Johann Mattheson das Amt dankend abgelehnt. Mattheson notierte dazu: „Weil eine Heiratsbedingung bei der Sache vorgeschlagen wurde, wozu keiner von uns die geringste Lust bezeugte, schieden wir nach vielen empfangenen Ehrenbezeugungen und genossenen Lustbarkeiten von dannen."

Auch Bach sah das nicht anders. Bevor er sich aber auf den beschwerlichen Rückweg nach Arnstadt begab, besuchte er noch die berühmten „Abendmusiken", die von Buxtehudes Vorgänger und Schwiegervater, Franz Tunder, eingeführt worden waren. Die Abendmusiken – eine lübische Spezialität – waren Veranstaltungen, in denen Kirchenmusik unabhängig von einem Gottesdienst aufgeführt wurde – eine frühe Form der heute so beliebten Kirchenkonzerte.

Als Johann Sebastian Bach im Februar 1706 mit vielen neuen Eindrücken wieder in Arnstadt eintrifft, empfängt man ihn – nicht zu Unrecht – mit der Vorhaltung, daß er „nur auf 4. Wochen gebeten, sey aber wohl 4. mahl

so lange außengeblieben". Doch den Herren vom Konsistorium droht bald weiteres Ungemach, denn Bachs musikalischer Stil hat sich seit der Begegnung mit Buxtehude auf eine für sie befremdliche Weise verändert. Am 21. Februar 1706 laden sie ihn vor und beklagen sich, „daß er bißher in dem Choral viele wunderliche variationes gemachet, viele frembde Thone mit eingemischet, daß die Gemeinde darüber confundiret (verwirrt) worden" sei. Im Klartext heißt das: Die Arnstädter Gemeinde verlor bei Bachs kunstvollen Choralimprovisationen offenbar regelmäßig den Faden.

Wer sich z. B. Bachs sehr wahrscheinlich schon in Arnstadt entstandene Bearbeitung über den Choral „Jesu Christ, dich zu uns wend'" anhört,

wird ein gewisses Verständnis für die Haltung des Arnstädter Konsistoriums aufbringen. Der Musikhistoriker Martin Geck meint dazu: „Da spielt Bach – wie ein verfrüht erschienener Max Reger – mit den chromatischen Möglichkeiten eines vierstimmigen Satzes auf eine Art, die vom Cantus firmus mehr ablenkt, als daß sie ihn verdeutlicht."

Bach fügt sich. An einem Dauerstreit mit seinen Arbeitgebern ist ihm nicht gelegen, denn längst hat er innerlich

Im Jahre 1797 entstand diese Radierung vom Lübecker Marktplatz mit Rathaus und Marienkirche. Die markante Backsteinarchitektur bildet noch heute die Kulisse für das bunte Treiben an Markttagen.

mit Arnstadt abgeschlossen. Er versieht seinen Dienst nun gewissermaßen „nach Vorschrift", vervollständigt dabei seine musikalische Könnerschaft und wartet im übrigen nur auf eine günstige Gelegenheit, Arnstadt den Rücken kehren zu können. Als im Dezember 1706 Johann Georg Ahle, der Organist der St. Blasius-

kirche zu Mühlhausen, stirbt, sieht er seine Chance gekommen. Über verwandtschaftliche Verbindungen signalisiert er dem Rat der freien Reichsstadt Mühlhausen sein lebhaftes Interesse an der vakant gewordenen Stelle. Am Ostersonntag 1707 wird er zum Probespiel eingeladen und begeistert die Mitglieder des Mühlhausener Konsistoriums durch seine Virtuosität. Alles Weitere ist nur noch Formsache. Am 29. Juni 1707 vermerkt das Arnstädter Ratsprotokoll: „Herr Johann Sebastian Bach, bißheriger Organist zur neuen Kirche bittet umb dimission, wolte hiermit die Schlüßel zur Orgel dem Rathe, von dem er sie empfangen, wieder überliefert haben". – Ende einer Dienstzeit, die trotz aller Querelen und Konflikte sicher zu den glücklichsten und unbeschwertesten Phasen in Johann Sebastian Bachs Leben gehört haben dürfte.

In die Arnstädter Zeit fallen die ersten nachweisbaren Kompositionen – Präludien, Toccaten, Partiten, Phantasien und Choralbearbeitungen – allesamt Werke für Orgel, Cembalo und Clavichord. Besonders interessant ist das „Capriccio" in B-Dur auf die Abreise des geliebten Bruders. Anlaß zur Komposition dieses originellen Stücks, bei dem sich feierlich-getragene und humorvoll-scherzende Züge die Waage halten, war der Abschied von Bachs Bruder Johann Jacob, der sich als Feldmusiker in der Armee des Schwedenkönigs Karl XII. verdingt hatte.

Mit seinen Seufzermotiven und den imitierten Posthornklängen erinnert das Werk an die programmatische Cembalo-Musik von François Couperin, die Bach schon in Celle kennengelernt haben wird. Zu den bekanntesten Arnstädter Choralbearbeitungen gehört „Wie schön leucht' uns der Morgenstern", das stark von der reichen Improvisationskunst der norddeutschen Orgelmeister inspiriert ist. Das im Jahre 704 urkundlich erstmals erwähnte Arnstadt ist die früheste Siedlung Thüringens und die älteste Stadt auf dem Gebiet der früheren DDR. Aus diesem Umstand haben

die Lokalpolitiker nicht ohne Geschick Kapital geschlagen, so daß hierher zu DDR-Zeiten mehr Mittel flossen als in andere Städte vergleichbarer Größe. Da die Stadt auch im Krieg nicht zerstört worden ist, blieb viel aus Bachs Zeiten erhalten. Seine Hauptwirkungsstätte, die Neue Kirche, heißt seit 1935 Johann-Sebastian-Bach-Kirche. Sie entstand von 1676 bis 1683 anstelle eines durch Brand zerstörten Vorgängerbaus. Besonders schön sind der frühbarocke Schaugiebel und der Kanzelaltar von 1776, der der einschiffigen Gemeindekirche ein typisch protestantisches Gepräge gibt. Von der Wenderorgel, die Bach regelmäßig gespielt hat, existiert neben sieben Registern noch der prachtvolle Prospekt, der – seit er zu Beginn dieses Jahrhunderts von der weggefallenen hohen Orgelempore auf die zweite Empore versetzt wurde – besonders gut zur Geltung kommt. Der Umbau der Orgel hat allerdings das originale Klangbild erheblich verändert. Über dem neuen Spieltisch befindet sich jetzt ein Bach-Porträt, das an dem Leipziger Gemälde von Elias Gottlob Haussmann orientiert ist und die umlaufende Inschrift „Johann Sebastian Bach Annis 1703 – 1707 O R G" trägt. Der originale Spieltisch befindet sich heute in der Bach-Gedenkstätte des Stadtmuseums im Haus „Zum Palmbaum" am Markt 3. Hier werden zahlreiche Dokumente zu Bachs Arnstädter Zeit und zur sozialen und musikalischen Situation jener Jahre aufbewahrt. Auf dem Alten Friedhof, der bereits 1887 geschlossen wurde und heute als Parkanlage gestaltet ist, liegen 24 Angehörige der Bach-Familie begraben. Eine Gedenktafel an der spätbarocken Gottesackerkirche erinnert an die enge Beziehung zwischen Arnstadt und dem bedeutendsten deutschen Musikergeschlecht.

Thüringen, die Heimat Johann Sebastian Bachs, ist eine der reizvollsten Kulturlandschaften Deutschlands. Wer sich von der Landeshauptstadt Erfurt gen Süden in Richtung Arnstadt wendet, erblickt schon bald Burganlagen, die einst die alte Handelsstraße via regia sicherten. Die Wanderslebener Gleiche (links im Bild) entstand zu Beginn des 11. Jahrhunderts und galt lange Zeit als uneinnehmbar. Erst seit dem Dreißigjährigen Krieg verfiel die stattliche Anlage. Die Wachsenburg (im Hintergrund rechts) ist dagegen erstaunlich gut erhalten und dient heute als Hotel und Restaurant.

B

ach war 18 Jahre alt, als er im Jahre 1703 nach Arnstadt kam. Mit Erfolg hatte er sich um das Organistenamt an der hiesigen Neuen Kirche beworben. Die Kirche, deren Ostseite noch gotische Formen zeigt, trägt seit 1935 den Namen Johann-Sebastian-Bach-Kirche. Für Bach war die kleine thüringische Residenz keine fremde Stadt, denn seit langer Zeit hatten hier „Bache" als Hof- und Stadtmusikanten, aber auch als Kantoren und Organisten gewirkt. Auf dem alten Stadtfriedhof, der heute als Parkanlage dient, erinnert eine Gedenktafel an 24 Mitglieder der Bach-Familie, die hier begraben wurden.

D_{as} Bach-Denkmal, das auf dem Arnstädter Markt vor dem schmucken Renaissance-Rathaus steht, dürfte das ungewöhnlichste Monument sein, das dem berühmten Komponisten jemals gewidmet wurde. Zeigt es ihn doch nicht als würdigen Kantor mit Allongeperücke und Notenblatt in der Hand, sondern als jungen Mann, der sich lässig an die Orgelbank lehnt. Und so wie ihn der Hallenser Bildhauer Bernd Göbel 1985 dargestellt hat, ist Bach in Arnstadt tatsächlich gewesen: jung, selbstbewußt und ziemlich eigenwillig.

D er
Mühlhausener Meister
Johann Friedrich Wender
war gerade dabei, für die
Stadtkirche eine neue Orgel
zu erbauen, als Bach sich
um die Organistenstelle in
Arnstadt bewarb. Da er zu
dieser Zeit bereits als
Orgelbau-Experte galt,
übertrug man ihm die
Prüfung des Instruments.
Am 13. Juli 1703 setzte er
sich erstmalig auf die
Arnstädter Orgelbank, um
den Klang der einzelnen
Register, die Spielbarkeit
der Manuale und des
Pedals zu begutachten. Sein
Urteil war positiv, und das
der Arnstädter Honora-
tioren, die Bachs Improvisationen gelauscht hatten,
auch: Sie stellten den
jungen Mann ohne weitere
Prüfung als Organisten ein.
Die Arnstädter Wender-
Orgel wurde mehrfach
umgebaut, so daß die
heutige Intonation
erheblich von dem
ursprünglichen Klangbild
abweicht. Erhalten blieb
aber der schöne
Barock-Prospekt, den heute
ein Bach-Porträt ziert.

D

er originale Spieltisch der Arnstädter Orgel befindet sich inzwischen in der Bach-Gedenkstätte, die das Stadtmuseum im „Haus zum Palmenbaum" (Markt 3) eingerichtet hat. Neben Johann Sebastian Bachs bewegten Arnstädter Jahren steht das musikalische Wirken der anderen Angehörigen der Bach-Familie im Mittelpunkt der informativen und sehenswerten Ausstellung.

Fürstin Augusta Dorothea zu Schwarzburg-Arnstadt (1666–1751) nannte die einzigartige Puppenstadt, deren Entstehung sie einen großen Teil ihres Lebens widmete, „Mon plaisir" – „Mein Vergnügen". In jahrzehntelanger müh-samer Arbeit modellierten einige Spezialisten mehr als 400 etwa 25 Zentimeter große Puppen, die Hofdamen der Fürstin mit originalgetreu nachge-bildeten zierlichen Kostümchen einzukleiden hatten, damit sie die insgesamt 82 von geschickten Handwerkern gefertigten Puppenstuben bevölkern konnten. Das teure Hobby bescherte der Fürstin nicht nur Vergnügen, sondern auch einen Berg Schulden. Der Nachwelt jedoch vermittelt die berühmte Puppenstadt, die im Schloß besichtigt werden kann, einen lebendigen und authentischen Einblick in den Arnstädter Alltag jener Zeit, in der Bach hier lebte. Unsere Abbildung zeigt die Szene „Hofmusikanten beim Konzert".

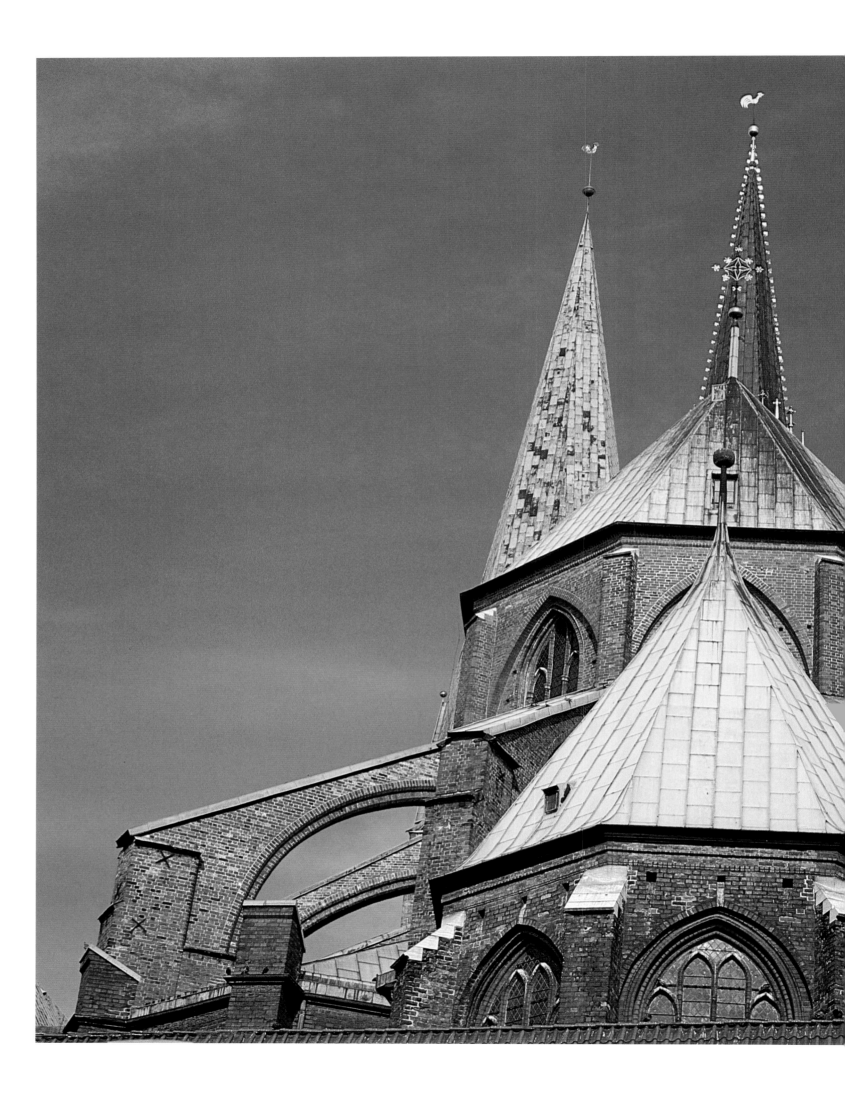

Vier Wochen
Urlaub hatte das Arn-
städter Konsistorium Bach
im Herbst 1705 genehmigt,
damit er eine Studienreise
nach Lübeck unternehmen
konnte. Doch was Bach in
der Marienkirche der
Hansestadt, wo der
berühmte norddeutsche
Orgelmeister Dietrich
Buxtehude tätig war, zu
hören bekam, ließ ihn die
Zeit völlig vergessen. So
dauerte es ganze vier
Monate, bis er wieder im
heimatlichen Arnstadt
eintraf.

D

as Holstentor, Lübecks berühmtes Wahrzeichen. Bach hat sich in dieser Stadt mit ihren hoch aufragenden Türmen offenbar sehr wohlgefühlt. Viel hätte nicht gefehlt, und er wäre für immer hier geblieben. Buxtehude, der Bachs Meisterschaft schnell erkannte, hatte ihm nämlich seine Organistenstelle, die er aus Altersgründen aufgeben wollte, angetragen. Allerdings war das Angebot mit der Bedingung verknüpft, seine schon etwas ältliche Tochter zu ehelichen. Unter diesen Umständen zog es Bach dann doch vor – wenn auch mit erheblicher Verspätung –, nach Arnstadt zurückzukehren.

Organist und Kapellmeister – Mühlhausen, Weimar: 1707 – 1717

Die zwischen dem Hainich und dem oberen Eichsfeld am Ufer der Unstrut gelegene Reichs- und Hansestadt Mühlhausen war im Mittelalter durch den Handel mit Woll- und Leinenwaren zu Reichtum gelangt, den sie durch die Mitgliedschaft in der Hanse verteidigen konnte. Im Frühjahr 1525 war die Stadt zum Zentrum des Thüringer Bauernaufstandes geworden, der mit einer blutigen Niederlage endete. Die Bauern hatten vor dem Fürstenheer kapituliert, und die Anführer – darunter der Theologe Thomas Münzer – wurden in Mühlhausen hingerichtet.

Nur wenige Tage bevor Johann Sebastian Bach am 15. Juni sein Amt als Organist der St. Blasiuskirche antrat, wurde Mühlhausen wiederum von einem Unglück heimgesucht. Im Stadtzentrum war ein verheerender Brand ausgebrochen, dem um ein Haar auch die Stadtkirche zum Opfer gefallen wäre. Das Feuer zerstörte beinahe 400 Wohnhäuser, viele Mühlhäuser Bürger verloren ihr Heim, Hab und Gut. Die Mitglieder des Konsistoriums standen noch Tage danach derart unter dem Eindruck des Unglücks, daß sie sich zunächst nicht mit den Belangen des neuen Organisten befassen wollten. Sie hätten weder Feder noch Tinte, um den Anstellungsvertrag zu unterzeichnen, ließen sie Bach ausrichten.

Schließlich wurde dann doch noch alles fristgerecht geregelt, der Rat stellte Bach sogar ein Fuhrwerk zur Verfügung, das seinen gesamten Hausrat von Arnstadt nach Mühlhausen brachte. Da die Ratsmitglieder beim Probespiel von Bachs Könnerschaft stark beeindruckt gewesen waren, hatte der junge Organist auch bei den Verhandlungen um die Höhe seines Gehaltes eine gute Position. Er erhielt pro Jahr 85 Gulden, drei Malter Korn, zwei Klafter Holz und sechs Schock Reisig. Das lag weit über seinen Arnstädter Bezügen und war auch mehr, als sein Vorgänger erhalten hatte.

Die Pflichten des Organisten in Mühlhausen unterschieden sich grundsätzlich nicht von denen in Arnstadt: Bach hatte in allen Gottesdiensten die Orgel zu spielen. Doch die Mühlhäuser St. Blasiuskirche, eine dreischiffige gotische Hallenkirche mit zwei kunstvoll gestalteten Achtecktürmen, ist ungleich größer und bedeutender als die Neue Kirche in Arnstadt. Bach hatte hier Großes vor, schon kurz nach Amtsantritt machte er dem Rat detaillierte Vorschläge für den Umbau und die Erweiterung der Orgel. Er regte den Einbau eines dritten Manuals und einiger neuer Register an, die „allerhand neue inventionibus" ermöglichen und die „Music sehr delicat" machen würden. Bach konnte den Rat überzeugen, so daß der Orgelbauer Johann Friedrich Wender, der schon Bachs Arnstädter Orgel gebaut hatte, einen entsprechenden Auftrag erhielt. Die Realisierung erfolgte allerdings erst nach Bachs Weggang.

In Mühlhausen komponiert Bach eine Fülle von Orgelwerken, wendet sich aber auch erstmalig der Kantate zu. Eine der frühen Bachkantaten steht in Zusammenhang mit einem Mühlhäuser Lokalereignis: Jahr für Jahr wurde der städtische Rat zumindest teilweise neu besetzt. Aus einer Chronik geht hervor, mit welch prachtvollem Aufwand man diesen Ratswechsel in Szene setzte. Bach erhielt den Auftrag, für den Ratswechsel des Jahres 1708 ein Vokalwerk zu schreiben. Am 4. Februar erklang die Kantate „Gott ist mein König", die auch als „Ratswechselkantate" bezeichnet wird, zum erstenmal im Rahmen der eben geschilderten Festlichkeiten. Bach hat die Kantate aufwendig instrumentiert: Neben dem Chor und der Orgel geben Streicher, Oboen, Blockflöten, Pauken und Trompeten der Musik ein reiches Gepräge. Das Werk gehört zu den frühen Kantaten des Komponisten, doch mit seiner spannungsvollen Gestaltung und der empfindsamen musikalischen Lyrik weist es schon auf das große Kantatenschaffen der späteren Jahre hin. Als die neu eingesetzten Ratsherren die prächtige Marienkirche verließen, um unter dem Altan, von dessen Brüstung die steinernen Statuen Kaiser Karls IV., seiner Gattin und seines Gefolges huldvoll hinabsehen, ihren Eid zu leisten, waren sie noch immer von der Schönheit der Bachschen Kantate bewegt. Kurze Zeit später ließen sie das Werk auf städtische Kosten drucken – für den jungen Bach ein außerordentlicher Erfolg.

Doch sonst hatte er in Mühlhausen eine Menge Probleme, für die er allerdings keine Schuld trug. In der Stadt tobte nämlich zu jener Zeit ein erbitterter Streit zwischen zwei theologischen Strömungen: der Orthodoxie und dem Pietismus. An der Marienkirche amtierte der mit Bach befreundete lutherisch-orthodoxe Pastor Johann Christian Eilmar, der sich auf Luthers Wertschätzung der Musik berief und gegen aufwendige kirchenmusikalische Aufführungen nichts einzuwenden hatte. Luther hatte von der „Musica" als „einer schönen, lieblichen Gabe Gottes" geschrieben. Ganz anders sah das sein erbitterter Gegner, der pietistische Superintendent Johann Adolph Frohne. Für ihn mußte Kirchenmusik schlicht und unaufwendig sein. Alles andere sei nur „weltliche Eitelkeit" und habe im

Gottesdienst nichts zu suchen. Da Frohne an der Blasiuskirche wirkte, kam es zwangsläufig zum Krach zwischen ihm und Bach, der gerade an größeren kirchenmusikalischen Projekten Geschmack gefunden hatte. Johann Sebastian Bach zog schon bald seine Konsequenzen und reichte am 25. Juni 1708 sein Entlassungsge-

Die fünfschiffige gotische Marienkirche ist das bedeutendste Baudenkmal Mühlhausens. Sie zählt zu den größten Sakralbauten in Thüringen. Auf Bachs Empfehlung übernahm sein Sohn Gottfried Bernhard im Jahre 1735 hier die Organistenstelle. Doch wie sein Vater blieb auch er nur kurze Zeit in der Stadt.

such ein. Als Grund für seinen Abschied gab er an, daß er es nicht akzeptieren könne, daß ihm regelmäßige Kantatenaufführungen verwehrt würden. Hier ging es Bach nicht um persönliche Eitelkeit, sondern ums Prinzip: Seine musikalische und künstlerische Unabhängigkeit wollte und konnte er sich nicht beschneiden lassen, schon gar nicht von einem Superintendenten, der offenbar nichts von Musik verstand. So verließ Bach die Stadt nach wenig mehr als einem Jahr wieder, diesmal in Richtung Weimar. Sein Nachfolger wurde ein Familienangehöriger, sein Eisenacher Vetter Johann Friedrich.

Die St. Blasiuskirche, deren westlicher Vorplatz heute Bachs Namen trägt, blieb unzerstört erhalten. Die Orgel jedoch hat eine bewegte Geschichte. Bach, der ihren Umbau und ihre Erweiterung angeregt hatte, verfolgte die Arbeiten noch nach Aufgabe seiner Mühlhäuser Organistenstelle beratend von Weimar aus. Anfang des 19. Jahrhunderts wurde die Orgel durch ein neues Instrument ersetzt,

doch 1956 bis 1959 versuchte die Potsdamer Orgelbaufirma Schuke eine Rekonstruktion der Bachschen Orgeldisposition. Der Theologe, Arzt und Bachexperte Albert Schweitzer beteiligte sich sogar von seinem afrikanischen Wohn- und Wirkungsort Lambaréné aus an den umfangreichen Planungen zum Bau des Instruments, das heute als „Bachorgel" bezeichnet wird.

Ebenso sehenswert wie die Blasiuskirche ist die Stadtkirche St. Marien. Die anstelle einer romanischen Basilika errichtete fünfschiffige gotische Hallenkirche besticht vor allem durch ihren reichen plastischen Schmuck und den wertvollen Glasfenster-Zyklus aus dem späten 14. und frühen

15. Jahrhundert. Von besonderer Schönheit ist das frühgotische Gewändeportal, in dessen Tympanon eine Kreuzigung dargestellt ist. Im Juni 1735 ist Bach noch einmal für 14 Tage nach Mühlhausen gekommen, um die im Bau befindliche Orgel der Marienkirche zu prüfen. Bei dieser Gelegenheit empfahl er auch seinen Sohn Johann Gottfried Bernhard für die frei gewordene Organistenstelle an der Marienkirche. Der Sohn konnte beim Probespielen überzeugen, bekam die Stelle – aber auch er blieb nur für kurze Zeit.

Heute erinnern neben den beiden großen Kirchen auch das alte Rathaus an Bachs Aufenthalt. In der mit prachtvoller gotischer Wandmalerei versehenen Ratsstube hat er wahrscheinlich seinen Anstellungsvertrag unterschrieben und ausgehändigt bekommen. Im Reichsstädtischen Archiv, das im Südflügel untergebracht ist, wird neben anderen wertvollen Dokumenten zur Stadtgeschichte auch Bachs Entlassungsgesuch und seine handgeschriebene Disposition für die neue Orgel der Blasiuskirche aufbewahrt. Auch im Heimatmuseum kann man in der Ausstellung über die Stadtgeschichte des 16. bis 18. Jahrhunderts einiges über Bachs Mühlhäuser Wirken erfahren.

Weimar, das Matthäus Merian in der Mitte des 17. Jahrhunderts als „eine auß den vornehmbsten Stätten in Thüringen" bezeichnete, war seit 1547 ständige Residenz des Herzogtums Sachsen-Weimar. Wie dominierend der Hof in der von Handwerk, Handel und Landwirtschaft geprägten Stadt war, zeigt sich daran, daß die Hofbeamten Anfang des 18. Jahrhunderts ein Viertel der Stadtbevölkerung stellten. Herzog Wilhelm Ernst von Sachsen-Weimar, der zu Bachs Zeiten regierte, war jedoch kein Verschwender. Als Anhänger der lutherischen Orthodoxie legte er Wert auf Anstand, Zucht und die Bewahrung der überkommenen Ordnung. Er war zugleich ein Freund der Künste, förderte die Wissenschaften und begann, jenes geistige Klima zu formen, das am Ende des 18. Jahrhunderts durch das Wirken von Johann Wolfgang von Goethe, Friedrich Schiller, Johann Gottfried Herder und Christoph Martin Wieland zur Blütezeit Weimars führen sollte.

Bachs beruflicher Start in Weimar im Jahre 1708 verlief glänzend. Er kannte Stadt und Hofkapelle schon durch seine kurze Weimarer Tätigkeit, mit der er die Zeit bis zur Fertigstellung der Arnstädter Orgel überbrückt hatte. Doch nun befand er sich in einer wesentlich günstigeren Position. Mit einem Jahresgehalt, das schon bald 252 Gulden erreichte, gehörte er zweifellos zu den Besserverdienenden. Längst wurde er auch als Orgelsachverständiger, Interpret und Komponist geschätzt.

In Weimar unterstand Bach erstmalig nicht der Stadt und der Kirchenbehörde, sondern einem regierenden Fürsten. Er scheint ein solches Arbeitsverhältnis geschätzt zu haben, da es ihm relative Freiheit in der künstlerischen Arbeit gestattete und er sich mit Herzog Wilhelm Ernst zunächst auch gut verstand. Bach war nun Hoforganist, wirkte aber außerdem als „Cammermusicus" in der Hofkapelle mit. In diesem kleinen Orchester, zu dem neben einigen Sängern ein gutes Dutzend Instrumentalisten gehörten, dürfte Bach Cembalo und Geige gespielt haben. Vor allem hatte er aber den Organistendienst in der Schloßkapelle zu versehen. Nachdem er 1714 zum „Concert-Meister" ernannt wurde, kam eine weitere Verpflichtung hinzu: Von nun an hatte er jeden Monat eine geistliche Kantate zu schreiben und in der Schloßkapelle aufzuführen.

Bachs Kantatenschaffen nahm während dieser Zeit eine neue Entwicklung. In Weimar lebte damals der Dichter Salomo Franck, dessen Kantatentexte sich – ähnlich wie die des Hamburger Pastors Erdmann Neumeister – nicht mehr nur auf Choralverse und Bibelworte beschränkten. Sie enthielten auch durch die italienische Oper beeinflußte „madrigalische" Dichtungen. Bach reizte diese neue Form sehr, und er verband italienische, französische und deutsche Einflüsse zu seinem eigenen, selbständigen Kantatenstil, der schon bald unverwechselbar wurde. Fast 30 sakrale Kantaten und die „Jagdkantate" sind in der Weimarer Zeit entstanden. Den größten Raum nahmen allerdings Orgelkompositionen ein, u. a. die berühmte c-Moll-Passacaglia, zahlreiche Choralbearbeitungen, Präludien, Toccaten und Fugen. Bachs Ruhm als Organist war schon damals sprichwörtlich. So berichtet ein Zeitgenosse im Jahre 1714: „Seine Füße flogen über die Pedale, als ob sie Schwingen hätten; donnergleich brausten die mächtigen Klänge durch die Kirche."

In Weimar begegnete Bach auch Georg Philipp Telemann, der seit 1709 in Eisenach als Hofkapellmeister tätig war. Schon bald verband die beiden Musiker eine fruchtbare Freundschaft. Telemann war im Jahre 1714 Taufpate von Bachs Sohn Carl Philipp Emanuel, der nach Telemanns Tod 1767 dessen Nachfolger als Hamburger Musikdirektor wurde.

So hoffnungsvoll die Zeit in Weimar begonnen hat, so enttäuschend soll sie für Johann Sebastian Bach enden. Auslöser ist zunächst ein Zwist innerhalb der Fürstenfamilie. Prinz Ernst August, der Neffe von Herzog Wilhelm Ernst, drängt immer stärker

In Weimar lernte Bach seinen berühmten Kollegen Georg Philipp Telemann (1681–1767) kennen. Bald verband die beiden Komponisten eine enge Freundschaft. Das Telemann-Porträt schuf der Kupferstecher Georg Lichtensteger.

nach der Macht im Lande und will zumindest mitregieren. Wilhelm Ernst ist darüber derartig verärgert, daß er seinen Hofmusikern bei Strafe von 10 Talern untersagt, im Schloß des Neffen zu musizieren. Bach hält sich nicht an dieses Verbot – und fällt prompt in Ungnade. Als der Leiter der Hofkapelle Johann Samuel Drese am 1. Dezember 1716 stirbt, bietet der Herzog nicht etwa Bach, sondern Telemann die Nachfolge an. Als auch Telemann abwinkt, übergeht der Herzog seinen Hoforganisten und Konzertmeister erneut, um das Amt dem nur mäßig begabten Sohn des verstorbenen Drese zu übertragen.

Bach ist über diese Entscheidung enttäuscht und verbittert, weshalb er Weimar nun so schnell wie möglich den Rücken kehren will. Das erste lukrative Angebot kommt aus Köthen, von dem dortigen Fürsten Leopold von Anhalt-Cöthen, der Bach nicht nur ein gutes Gehalt, sondern auch die Ernennung zum „Hochfürstlich Anhalt-Cöthenschen Capellmeister" in Aussicht stellt. Glänzende Aussich-

ten für den in Weimar gedemütigten Bach. Er reicht sein Entlassungsgesuch ein, doch das wird abgelehnt. Da er aber auf seinem Abschied beharrt, landet er auf Geheiß von Wilhelm Ernst vom 6. November bis zum 2. Dezember „wegen seiner halßstarrigen Bezeugung und zu erzwingender Dimission" hinter Gittern. Schließlich muß der autoritäre Herzog Bach jedoch ziehen lassen.

Obwohl Weimar heute mit seinen zahlreichen Goethe- und Schillerstätten vor allem im Zeichen der deutschen Klassik steht, sind auch einige der Orte erhalten geblieben, die mit Johann Sebastian Bach in Verbindung stehen. Das Rote Schloß, ein schlichtes Renaissancegebäude an der Ostseite des Marktplatzes, diente dem Herzog Ernst August als Residenz. Hier fanden auch zahlreiche Konzerte der Hofkapelle statt. Das stark veränderte Gebäude dient heute Verwaltungszwecken. Bachs wichtigste Wirkungsstätte, die als „Himmelsburg" bezeichnete Schloßkirche, fiel 1774 einem Brand zum Opfer.

Erhalten blieb die Stadtkirche St. Peter und Paul, an der Johann Gottfried Herder seit 1776 als Generalsuperintendent tätig war, und die deshalb heute als Herderkirche bezeichnet wird. Hier, wo Bachs Freund und Verwandter Johann Gottfried Walther als Organist gewirkt hat, wurden sechs von Bachs 20 Kindern getauft. Eine Gedenktafel im Kirchenraum erinnert daran. Zur wertvollen Ausstattung der Herderkirche gehört auch das große, 1553 von Lucas Cranach d. Ä. geschaffene Altartriptychon, eines der bedeutendsten protestantischen Altarwerke. Eine Bach-Erinnerungsstätte ist auch Bestandteil der Ausstellung im Stadtmuseum, das sich im Bertuchhaus befindet.

Johann Sebastian
Bach heiratete am 17.
Oktober 1707 in Dornheim,
einem Dorf in der Nähe
von Arnstadt, seine
Cousine Maria Barbara.
Die Trauung, die in der
kleinen Dorfkirche
stattfand, vollzog der
Ortspfarrer Lorenz Stauber,
der mit der Bach-Familie
seit langer Zeit
freundschaftlich verbunden
war.

Die
Reichs- und Hansestadt
Mühlhausen war sehr viel
größer und bedeutender als
Arnstadt. Obwohl Bach, der
sein Organistenamt an der
hiesigen Blasiuskirche im
Juni 1707 antrat, nur kurze
Zeit in der Stadt blieb,
schuf er in Mühlhausen
zahlreiche Orgelwerke
sowie die berühmte
Ratswechselkantate, die am
4. Februar 1708 in der
gotischen Marienkirche
(Bildmitte) uraufgeführt
wurde.

Bachs
Mühlhäuser Haupt-
wirkungsstätte war die
gotische Blasiuskirche. Zu
ihrer prächtigen
Ausstattung gehören reiche
Glasmalereien aus dem 14.
und der Altar aus dem
späten 15. Jahrhundert.
Daß Bach bereits im Juni
1708 sein Entlassungs-
gesuch einreichte, hatte
theologische Gründe: Der
pietistische Superintendent
Johann Adolph Frohne, der
an St. Blasius amtierte,
lehnte aufwendige Kirchenmusik als „weltliche
Eitelkeit" ab – was Bach,
der gerade mit seinem
Kantatenschaffen begann,
nicht akzeptieren wollte.

O_{b-}

wohl Weimar mit seinen zahlreichen Goethe- und Schillerstätten heute vor allem im Zeichen der deutschen Klassik steht, ist diese Stadt auch eng mit Johann Sebastian Bachs Leben verbunden. Von 1708 bis 1717 wirkte Bach hier als Hoforganist und „Cammermusicus" in der Hofkapelle. Unsere Abbildung zeigt einen Blick in den Altarraum der Stadtkirche St. Peter und Paul, die später nach ihrem prominentesten Prediger "Herderkirche" genannt wurde. Hier, vor dem berühmten Altargemälde Lucas Cranachs d. Ä., wurden sechs von Bachs Kindern getauft.

Musik bei Hofe – Köthen: 1717 – 1723

Als Bach im Jahre 1717 nach Köthen kommt, ist das Städtchen Residenz eines kleinen Fürstentums. Formal war es zwar selbständig, dennoch stand Anhalt-Cöthen ganz im Schatten des mächtigen preußischen Nachbarn. In Ermangelung von politischem Spielraum haben die hiesigen Fürsten ihr Interesse längst anderen – geistigen und künstlerischen – Dingen zugewandt. Schon Anfang des 17. Jahrhunderts war das intellektuelle Klima in Köthen viel lebendiger als in vergleichbaren deutschen Duodez-Fürstentümern. Fürst Ludwig hatte im Jahre 1617 die „Fruchtbringende Gesellschaft" mitbegründet, einen literarischen Zirkel mit humanistischer Prägung, dem u. a. die Dichter Martin Opitz, Friedrich von Logau und Andreas Gryphius angehörten.

Bach betritt in Köthen also kein kulturelles Niemandsland. Im Gegenteil, seine Zukunftsaussichten erscheinen geradezu verlockend: Neben dem Titel eines „Hochfürstlich Anhalt-Cöthenschen Capellmeisters", der die in Weimar erlittene Schmach ausgleicht, hat Bach wiederum eine nicht unerhebliche Gehaltserhöhung durchgesetzt. Doch was zählen diese Dinge schon, angesichts der Tatsache, daß er nun im Dienste des noch jungen Fürsten Leopold I. steht, eines Mannes, der ihm nicht nur freundschaftlich verbunden ist, sondern soviel von Musik versteht, daß er die Kunst seines Kapellmeisters auch gebührend würdigen kann. Bach bezeichnet seinen neuen Arbeitgeber anerkennend als einen „die Musik sowohl liebenden als auch kennenden Fürsten". Als Knabe an der Berliner Ritterakademie erzogen, hatte Leopold später ausgedehnte Reisen zu den europäischen Kunstzentren unternommen. Er war in England, Holland, vor allem aber in Rom, Florenz und Venedig gewesen, wo er die ita-

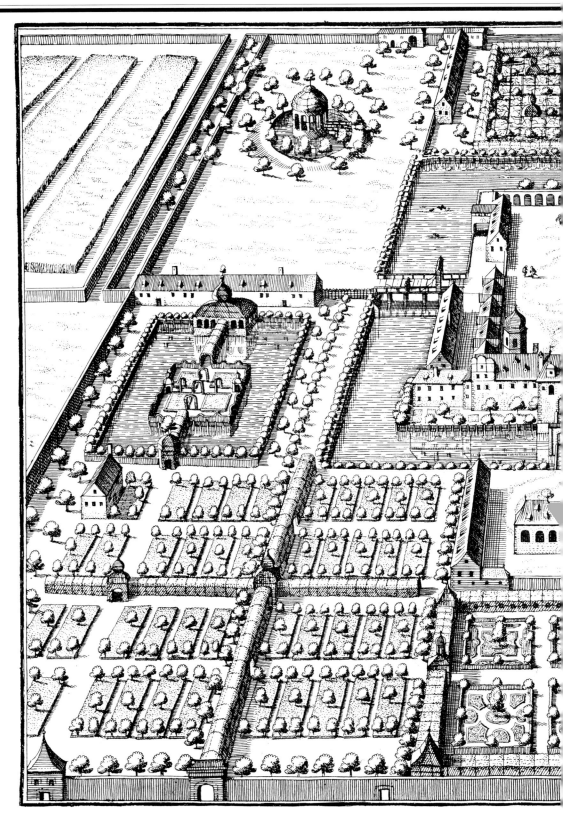

lienische Oper kennen- und schätzengelernt hatte. Für eine eigene Hofoper reichten jedoch seine Mittel nicht aus.

Im Jahre 1596 war im Herzogtum Anhalt-Cöthen die reformierte Lehre eingeführt worden. Obwohl am Hof auch Lutheraner leben, geben die Calvinisten seither den Ton an. Für Bach bedeutet das den zeitweiligen Wegfall eines wichtigen Tätigkeitsfeldes, denn aufwendige Kirchenmusik wird nach Calvins Lehre abgelehnt. Also sind keine geistlichen Kantaten und kaum Orgelmusik, dafür aber viele weltliche Instrumental- und Orchesterwerke zu komponieren. Er ist nun

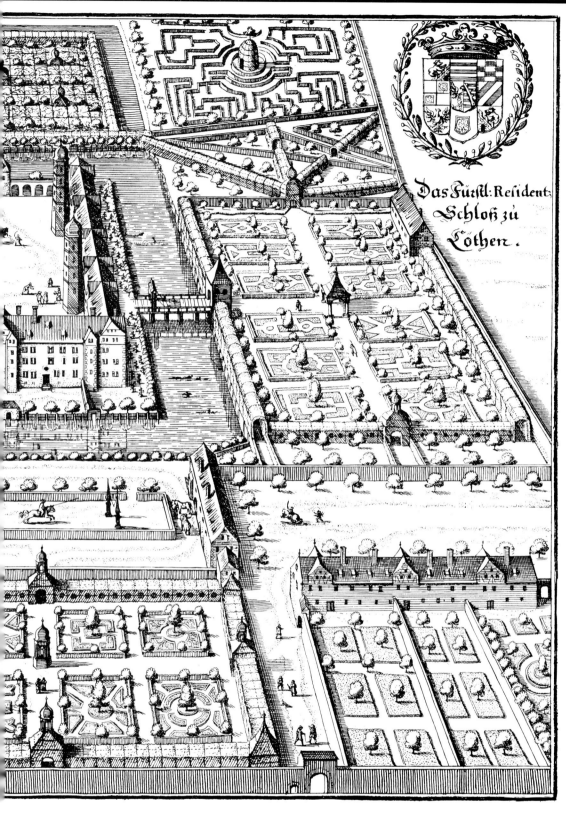

Das Fürstl. Residentz Schloß zu Köthen.

vaten Leben erleidet Johann Sebastian Bach einen schweren Schicksalsschlag: Während er sich Anfang 1720 anläßlich einer Konzertreise im böhmischen Karlsbad aufhält, stirbt in Köthen seine Ehefrau Maria Barbara. Sie war Mutter von sieben Kindern, darunter die musikhistorisch herausragendsten Söhne Wilhelm Friedemann und Carl Philipp Emanuel. Als Bach wieder zu Hause eintrifft, ist seine Frau bereits beerdigt.

Mag sein, daß er sich nach diesem schweren Verlust aus dem vertrauten Umfeld lösen will – jedenfalls fährt er bald darauf nach Hamburg, um sich für die Organistenstelle der Jacobikirche zu bewerben. St. Jacobi, eine der Hauptkirchen der Hansestadt, hatte 1693 eine neue große Orgel des bedeutenden norddeutschen Meisters Arp Schnitger bekommen; ein prächtiges Instrument mit vier Manualen und sechzig Registern, dessen große klangliche Möglichkeiten Bach faszinieren. Diese Orgel, die während des Zweiten Weltkriegs ausgelagert war, ist, nachdem sie umfassend restauriert wurde, im Frühjahr 1993 mit einem feierlichen Konzert wiedereingeweiht worden.

Bach ist nicht der einzige Bewerber um die begehrte Organistenstelle, doch er ist der begabteste. Im November 1720 reist er in die Hansestadt zum Probespiel, das allerdings nicht in der Jacobi-, sondern in der Katharinenkirche stattfindet. Unter den drei Kantoren, die über die Eignung der Kandidaten zu befinden haben, ist auch der inzwischen 97 Jahre alte Jan Adam Reinken. Bach hatte den norddeutschen Orgelmeister als 16-jähriger von Lüneburg aus besucht und damals fasziniert seinen Improvisationen über den Choral „An Wasserflüssen Babylons" gelauscht. Jetzt ist er es, der an diesem Kirchenlied seine ganze Improvisationskunst entfaltet.

Reinken ist ergriffen und sagt beeindruckt: „Ich dachte, diese Kunst wäre gestorben; ich sehe aber, daß sie in Ihnen noch lebt." Daß Bach die Stelle am Ende doch nicht bekommt, hat

Chef der erst drei Jahre zuvor gegründeten Hofkapelle, die für die Tafel- und Festmusik zuständig ist. Das Re-

Wie mit dem Lineal gezogen wirkt die Stadtanlage der anhaltinischen Residenz Köthen aus der Zeit um 1700. In der Mitte erhebt sich das Schloß, Bachs wichtigste Wirkungsstätte während seiner Köthener Jahre.

pertoire dieses „Collegium musicum" umfaßt vor allem zeitgenössische italienische und französische Meister, bald aber auch Kompositionen seines neuen Kapellmeisters. Das Ensemble besteht aus etwa 18 Musikern, der Fürst selbst wirkt häufig als Cembalist, Gambist oder Sänger mit.

Beruflich sind die Köthener Jahre glücklich und produktiv, doch im pri-

keine musikalischen Gründe, sondern ist dem Hamburger Krämergeist zur Last zu legen. In der Hansestadt hat sich nämlich der Brauch eingebürgert, daß sich der gewählte Kandidat für das Organistenamt finanziell erkenntlich zu zeigen hat. Nein, von Käuflichkeit könne natürlich nicht die Rede sein, so etwas wäre mit dem Organistenamt, das ja mit dem Gottesdienst verbunden ist, auch in keiner Weise vereinbar, meinen die Herren vom Konsistorium. Gegen einen „freiwilligen" Beitrag zum Wohle der Kirche wäre aber natürlich nichts einzuwenden. Wie auch immer die Hamburger Kirchenbürokraten die Sache bemänteln, Bach lehnt eine solche Zahlung ab – und den Zuschlag bekommt prompt ein zahlungswilliger Mitbewerber.

Erdmann Neumeister, Hauptpfarrer an St. Jacobi und Textdichter mehrerer Bach-Kantaten, gehört zu jenen, die die Entscheidung des Hamburger Konsistoriums kritisieren. In seiner Weihnachtspredigt des Jahres 1720 geht er mit den Pfeffersäcken im Talar hart ins Gericht. Er sei sich sicher, donnert er von St. Jacobis Kanzel hinab, daß „wenn auch einer von den Bethlehemitischen Engeln vom Himmel käme, der göttlich spielte und wollte Organist zu St. Jacobi werden, hätte aber kein Geld, so möchte er nur wieder davonfliegen".

Bach bleibt also zunächst in Köthen. Am 3. Dezember 1721 heiratet er seine zweite Frau Anna Magdalena, eine Tochter des Weißenfelsischen Hoftrompeters Johann Caspar Wilcken,

Bachs ältester Sohn, Wilhelm Friedemann (1710–1784), der ebenfalls ein umfangreiches kompositorisches Werk hinterlassen hat, wirkte u. a. als Organist an der Dresdner Sophienkirche und an der Marienkirche zu Halle.

die am Köthener Hof als Sängerin angestellt war und zunächst auch weiterhin verpflichtet blieb. Es wird eine glückliche Ehe, denn Anna Magdalena ist den vielen angeheirateten und eigenen Kindern nicht nur eine gute Mutter, sondern sie ist auch eine fachlich-musikalische Partnerin ihres Mannes. Sie musiziert mit ihm und kopiert häufig auch seine Noten. Bach widmet ihr das „Clavierbüchlein vor Anna Magdalena Bachin", eine Klavierschule mit Stücken von unterschiedlichem Schwierigkeitsgrad.

Bachs Köthener Schaffen ist vor allem der Orchestermusik gewidmet. Er schreibt u.a. seine beiden Violinkonzerte (in a-Moll und E-Dur sowie das Doppelkonzert in d-Moll). Auch die ersten beiden Orchestersuiten sind wohl in Köthen entstanden. Den glanzvollen Höhepunkt bilden die Sechs Brandenburgischen Konzerte.

Die Bezeichnung „Brandenburgische Konzerte", die erst später gebräuchlich geworden ist, bezieht sich auf den Adressaten dieser Werke, den Markgrafen Christian Ludwig von Brandenburg, den Bach in Berlin kennengelernt hat. Dessen Hofkapelle führte in Berlin regelmäßig zeitgenössische Musik auf. Bach stellte sechs Konzerte aus seinem umfangreichen Repertoire aus den Jahren 1716 – 1721 zusammen und widmete sie dem musikliebenden Brandenburger. Es sind keine streng dem italienischen concerto-grosso-Muster unterworfenen

Werke, sondern vielmehr – wie das autographe Titelblatt vom 24. März 1721 aussagt – „Six Concerts Avec plusieurs Instruments" (Sechs Konzerte für verschiedene Instrumente). Dabei handelt es sich um höchst heterogene Gebilde, deren besonderer Reiz sich aus der wechselnden Dominanz der unterschiedlichen Instrumente ergibt: Im ersten Konzert sind es Hörner, Oboen und Violine; im zweiten Oboe, Trompete und Violine. Im dritten Konzert gibt es dagegen überhaupt keine Trennung zwischen Solo und Tutti. Musikhistoriker meinen, daß sich an diesem Kompositionsprinzip sowohl Traditionen der Stadtpfeifermusik als auch des Orgelschaffens mit seinen vielfältigen Registraturmöglichkeiten ausgewirkt haben. Obwohl hierfür historische Beweise fehlen, hat der Markgraf diesen Konzertzyklus wahrscheinlich in Berlin aufführen lassen.

Wie eng das Amt des Hofkapellmeisters an Person und Familie des Fürsten gebunden war, zeigen die Umstände, die Bach schließlich dazu bewegten, Köthen wieder zu verlassen: Im Dezember 1721 hatte Fürst Leopold die Prinzessin Henriette von Anhalt-Bernburg geheiratet. Schon bald nach dieser Eheschließung verschlechterte sich das musische Klima am Köthener Hof, denn der Fürst interessierte sich nun vor allem für seine junge Frau und nur noch am Rande für Musik. Da die neue Fürstin unmusikalisch – oder wie sich Bach in einem berühmt gewordenen Brief an seinen Jugendfreund Georg Erdmann beklagte – „eine amusa" war, schien es ihm Ende 1721 angebracht, sich um eine neue Stelle zu bemühen. Doch es dauerte noch ein paar Monate, bis sich die Dinge konkreter abzeichneten.

In Köthen blieb Johann Sebastian Bach bis zum 15. Mai 1723. Doch auch später, als er schon in Leipzig als Thomaskantor wirkte, kam er wiederholt in die kleine Residenzstadt zurück, denn die Freundschaft mit Fürst Leopold bestand weiterhin fort. Als Leopold im Jahre 1728 starb, schrieb Bach für ihn die Leichenmusik „Klagt Kinder, klagt es aller Welt". Am 23. März 1729 leitete er persönlich die Uraufführung dieses Werkes in der Köthener Jacobskirche, an der vermutlich auch seine Frau und sein Sohn Friedemann mitwirkten. Später sollte er Teile davon für die Matthäuspassion umschreiben.

Noch heute prägt die Jacobskirche, eine spätgotische Hallenkirche, die sich an der Westseite des Marktplatzes erhebt, das Köthener Stadtbild. Allerdings stammt ihre eindrucksvolle Doppelturmfront erst aus dem späten 19. Jahrhundert. Auch das Innere dieser Kirche wurde seit Bachs Zeit mehrfach verändert, so daß er die Kirche, in der er vermutlich mit Anna Magdalena getraut worden ist, heute kaum wiedererkennen würde. Erhalten geblieben ist jedoch die Fürstengruft im östlichen Teil der dreischiffigen Kirche, in der sich auch der Prunksarg von Bachs Köthener Arbeitgeber, dem Fürsten Leopold, befindet.

Er wird als der „Hamburger Bach" bezeichnet: Carl Philipp Emanuel (1714–1788), Bachs zweitältester Sohn. 1740 trat er als Kammercembalist in die Hofkapelle Friedrichs II. ein, folgte aber im Jahre 1767 einem Ruf aus Hamburg, wo er Telemann im Amt des Kirchenmusikdirektors folgte. Carl Philipp Emanuel schrieb zahlreiche kammermusikalische Werke, Klavier- und Flötenkonzerte sowie Orgelsonaten.

Während in der Jacobskirche die reformierte Lehre gepredigt wurde, gehörte die Ende des 17. Jahrhunderts erbaute barocke Agnuskirche den Lutheranern. Bach, der nicht nur formal lutherisch war, sondern sich der Lehre seines thüringischen Landsmannes auch besonders verbunden fühlte, hatte hier Kirchenstühle gemietet und ist – wenn auch nicht sehr regelmäßig – zum Abendmahl gegangen. Daß er trotzdem nicht in diesem Gotteshaus, sondern in der Jacobskirche oder in der Schloßkapelle getraut worden ist, dürfte seiner engen Beziehung zum reformierten Herrscherhaus zuzuschreiben sein.

Von der Agnuskirche gelangt man auf der Stiftstraße zum Schloßplatz. Das Schloß, das auf eine mittelalterliche Burganlage zurückgeht, wurde als Dreiflügelanlage in Renaissanceformen errichtet. Den Südflügel bildet der sogenannte Ludwigsbau aus der Wende vom 16. zum 17. Jahrhundert. Am östlichen Treppenturm befindet sich eine bronzene Gedenktafel mit einem Bachportrait und der Inschrift „Joh. Seb. Bach schuf hier in den Jahren 1717 – 1723 unvergängliche Kunstwerke. Sei stolz auf ihn, Vaterland, aber sei auch seiner wert". Bachs wichtigste Köthener Wirkungsstätte, der Thronsaal im Obergeschoß, dient zwar noch immer Konzertveranstaltungen, doch er ist gegenüber Bachs Zeiten stark verändert.

Anfang des 19. Jahrhunderts wurde der barocke Raum in einen glanzvollen Spiegelsaal im französischen Empire-Stil umgestaltet: kostbar und schön, aber eben ganz anders als Bach ihn gekannt hat. Die Schloßkapelle im Erdgeschoß, die ebenfalls mehrfach umgebaut wurde, hat seit 1991 wieder ihr festliches barockes Gepräge zurückgewonnen. Hier, im Spiegelsaal und in der Jacobskirche, finden alle zwei Jahre im Herbst Konzerte im Rahmen der Köthener Bachtage statt.

Natürlich hat auch Köthen ein Bachdenkmal. Es wurde von dem Berliner Bildhauer Heinrich Pohlmann geschaffen und 1885 – zu Bachs 200. Geburtstag – enthüllt. Die Kalksteinbüste, die auf einem ungefähr zwei Meter hohen Sandsteinpostament ruht, befindet sich auf dem heutigen Bachplatz, der an die Wallstraße grenzt. Dieser Standort war gewählt worden, weil man hier eine Wohnung Bachs vermutete. Wahrscheinlich ist diese Annahme jedoch falsch, denn große Teile der Wallstraße entstanden erst im Zuge einer Stadterweiterung in den Jahren nach 1720.

Im Historischen Museum auf der Museumsgasse gibt es seit 1983 eine Bach-Gedenkstätte. In thematisch klar gegliederten Ausstellungsteilen wird über Köthens soziale und konfessionelle Situation zu Beginn des 18. Jahrhunderts, über Bachs Familie und Lebensumstände und über die in Köthen entstandenen Kompositionen informiert. Eine wertvolle Sammlung barocker Musikinstrumente sowie ein Öl-Porträt von Fürst Leopold runden die Sammlung der sehenswerten Gedenkstätte ab.

Fast sieben Jahre lang wirkte Bach in Köthen, der Residenz eines kleinen anhaltinischen Fürstentums. Fürst Leopold I. hatte ihn an seinen Hof geholt, und Bach war diesem Angebot gern gefolgt. Zum einen, weil man ihn in Weimar gedemütigt hatte, andererseits aber auch, weil ihn das musikalische Klima am Köthener Hof faszinierte. Bach nannte Leopold I. anerkennend „einen die Musik sowohl liebenden als auch kennenden Fürsten". Die Hofkapelle, die der „Hochfürstlich-Anhalt-Cöthensche Capellmeister" nun zu leiten hatte, musizierte häufig im Thronsaal. So wie auf unserer Abbildung hat ihn Bach allerdings nie gesehen, da der barocke Raum Anfang des 19. Jahrhunderts im französischen Empire-Stil zu einem Spiegelsaal umgestaltet wurde.

Die
Schloßkapelle im Erd-
geschoß des Ludwigsbaus
ist eine der wichtigsten
Bachstätten in Köthen. Der
Raum wurde in der
Vergangenheit mehrfach
umgebaut. Erst 1991 erhielt
er wieder sein festliches
barockes Gepräge zurück.
Die frühere Schloßkapelle
dient heute vor allem als
Konzertsaal für Kammer-
musikveranstaltungen.

D_a

Bach in Köthen keine kirchenmusikalischen Aufgaben wahrzunehmen hatte, standen in dieser Zeit vor allem Instrumental- und Orchesterwerke im Vordergrund seines Schaffens. Er komponierte hier u.a. seine beiden Violinkonzerte, die ersten beiden Orchestersuiten und die berühmten Sechs Brandenburgischen Konzerte. Das Köthener Bach-Denkmal, das der Berliner Bildhauer Heinrich Pohlmann schuf, wurde im Jahre 1885, zum 200. Geburtstag des Komponisten, feierlich enthüllt.

Der Thomaskantor – Leipzig, Dresden, Potsdam: 1723 – 1750

Anfang des 18. Jahrhunderts erlebte Leipzig, die Stadt an der Pleiße, eine wirtschaftliche und kulturelle Blütezeit. Schneller als anderswo waren hier die Wunden des Dreißigjährigen Krieges vernarbt. Die rührigen Kaufleute wußten den Standortvorteil ihrer am Schnittpunkt einer ostwestlich und einer nordsüdlich verlaufenden Handelsstraße gelegenen Heimatstadt geschickt zu nutzen und machten Leipzig zum wichtigsten Umschlagplatz des europäischen Kontinents. Wie lebhaft, bunt und international es hier während der Messetage zuging, schilderte der Leipziger Prediger Johann Christian Müller im Jahre 1739 folgendermaßen:

„Obgleich die Stadt an sich nicht groß, waren doch die Gassen breit und nach der Schnur. Alle waren mit Fracht- und Marktwagen, die ankamen und abluden, mit Karossen und mit Menschen von beiderlei Geschlecht, von allerlei Nationen und Stand angefüllt. Die artigen sächsischen Frauenzimmer, die Leipziger galanten Herren, vermischt mit allerlei Ausländern, Ungarn, Siebenbürgen, Juden, Türken, Griechen, Arabern, Armeniern, Chinesen, Persianern, Mohren, Russen, Holländern, Engelländern usw., in ihren verschiedenen, seltsamen und zum Teil seidenen, bunten, langen, auch geblümten Kleidern, wobei der Bund und die Dolche in dem Gurt mit Edelsteinen besetzt waren, mit ihren langen Bärten, mit bloßer, von der Sonne braungebrannter Brust setzen das Auge in Erstaunen (...)"

In Leipzig wurden jedoch nicht nur Luxuswaren, exotische Gewürze, Pelze und alle nur denkbaren Manufakturerzeugnisse gehandelt, sondern auch Bücher. Dank des Konfessionswechsels, den der sächsische Kurfürst August der Starke im Jahre 1697 vollzogen hatte, um König des strengkatholischen Polen werden zu können, herrschte in Sachsen ein hohes Maß an konfessioneller und geistiger Toleranz, was sich als hervorragende Voraussetzung für ein florierendes Buchgeschäft erweisen sollte. Bereits Anfang des 18. Jahrhunderts hatte die sächsische Messestadt den Frankfurter Buchhandelsplatz weit überflügelt: Während im Jahre 1700 am Main gerade 88 Titel verlegt wurden, errang sich Leipzig mit 276 Titeln den Ruf als literarische Hochburg Deutschlands.

Für Johann Sebastian Bach, der selbst über eine umfangreiche Bibliothek verfügte, bot Leipzig gewiß mehr geistige Anregungen als alle seine früheren Wirkungstätten zusammen.

In den Augen der Leipziger war der Hofkapellmeister aus der Provinz durchaus nicht die erste Wahl. Daß er die Stelle als Thomaskantor, um die er sich von Köthen aus bemüht hatte, schließlich doch antreten konnte, verdankte er u.a. seinem Kollegen Georg Philipp Telemann. Dieser hatte bereits von 1701 bis 1704 als Organist an der Thomaskirche in Leipzig gewirkt. Obwohl er als Hamburger Stadtmusikdirektor erst knapp zwei Jahre im Amt war, hatte er sich um die nach dem Tode von Johann Kuhnau (1660 – 1722) vakant gewordene Stelle des Thomaskantors beworben. In letzter Minute zog er jedoch sein Angebot zurück und empfahl statt dessen dem Rat der Stadt Johann Sebastian Bach als geeigneten Anwärter.

Nachdem mit Johann Friedrich Fasch der letzte Mitbewerber abgewinkt hat, kann Bach endlich am 5. Mai 1723 den Vertrag des Thomaskantors unterschreiben, in dem – vom „hochweisen Rat der Stadt Leipzig" in 14 Punkten minuziös aufgelistet – seine Dienstaufgaben festgelegt sind. In Paragraph 2 erklärt sich Bach dazu bereit, „die Musik in den beiden Hauptkirchen dieser Stadt nach meinem besten Vermögen in gutes Aufnehmen zu bringen". Resigniert äußerte sich der „Appelations Rath Plaz" am 9. 4. 1723 zu Bachs Einstellung: „(...) da man die besten nicht bekommen könne, müße man mittlere nehmen (...)".

Im Mai 1723 vermerkt eine Leipziger Zeitung: „Am vergangenen Sonnabend (22. 5.) zu Mittage kamen 4. Wagen mit Haus-Rath beladen von Cöthen allhier an, so dem gewesenen dasigen Fürstl. Capell-Meister, als nach Leipzig vocirten Cantori Figurali, zugehörten; Um 2 Uhr kam er selbst nebst seiner Familie auf 2. Kutschen an." Die Kutschen fahren zum Thomaskirchhof und halten direkt an der Stadtmauer vor dem Gebäude der Thomasschule, in dem die Bachfamilie die Kantorenwohnung bezieht. Durch die Pforte gelangt man schnell zur damals noch nicht überbauten Pleiße und in die reizvoll gelegene westliche Vorstadt, die Bach von seiner „Componierstube" im Obergeschoß aus gut überblicken kann.

Leichten Herzens hat Bach den Wechsel nicht vollzogen, denn – so schreibt er später in einem Brief – anfänglich wollte es ihm „gar nicht anständig seyn, aus einem Capellmeister ein Kantor zu werden". Daß er auf diverse fürstliche Kapellmeistertitel mehr Wert legt als auf den Kantor, den er bei Unterschriftsleistungen häufig zuletzt angibt, hat nichts mit einer etwaigen Distanz zu den kirchenmusikalischen Aufgaben zu tun. Vielmehr will Bach mit der damit verbundenen Autorität seinen Handlungsspielraum gegenüber den städtischen und kirchlichen Arbeitgebern vergrößern. Außerdem fühlt er sich wohl ein wenig geschmeichelt durch diese wohlklingenden Titel.

Bachs Amt als „Director Chori Musices Lipsiensis u. Cantor zu S. Thomae" ist in eine komplizierte Hierarchie eingebunden. Seine vorgesetzte Behörde ist der Rat der Stadt, gleichzeitig untersteht er aber auch dem Konsistorium. Sein direkter Chef ist der Direktor der Thomasschule, der jedoch – wie auch der Rat und das Konsistorium – dem Dresdner Hof bzw. dessen Leipziger Gouverneur

untersteht. Nach dem Rektor und dem Konrektor nimmt der Kantor den dritten Rang im Lehrkörper der Thomasschule ein. Das bedeutet u. a., daß er auch Lehraufträge – nämlich die Erteilung von Religions- und Lateinunterricht – wahrzunehmen hat. Obwohl Bach keine akademische Ausbildung vorweisen kann, sollte ihm dies als Absolvent einer Lateinschule und als theologisch Interessiertem kaum fachliche Schwierigkeiten bereiten.

Doch Pädagogik – das hat sich schon in Arnstadt gezeigt – ist seine Sache nicht. So delegiert er den Lehrauftrag an einen Untergebenen, den er dafür bezahlt. Mit großem Engagement widmet sich Bach statt dessen seinen eigentlichen Aufgaben, nämlich der Kirchenmusik in den beiden Leipziger Hauptkirchen St. Thomas und St. Nikolai.

Hier führt er nun im Wechsel Motetten, Kantaten und Oratorien auf. Dabei kann er zwar auch auf Werke von Zeitgenossen zurückgreifen, doch er komponiert vor allem eigene Werke für diesen Zweck. Kein Wunder also, daß in Bachs ersten Leipziger Jahren das Kantatenschaffen im Vordergrund steht: 1724 erklingt zum ersten-

Hier war Johann Sebastian Bach als Kantor tätig, hier befindet sich heute auch sein Grab: Die Leipziger Thomaskirche ist aufs engste mit Bachs Leben und Werk verbunden. Der kolorierte Kupferstich von Johann Georg Schreiber entstand um 1740.

mal die Johannespassion, 1729 die Matthäuspassion und 1731 die nur fragmentarisch erhaltene Markuspassion; 1734 folgt das Weihnachtsoratorium. Außer diesen Werken komponiert Bach viele Kantaten, die an den einzelnen Sonntagen des Kirchenjahres ihren festen Platz innerhalb der liturgischen Ordnung des Gottesdienstes haben. Dabei bedient er sich auch des sogenannten Parodieverfahrens, das heißt, er benutzt Teile – Arien, Rezitative oder Chöre –, die er zuvor für weltliche Kantaten komponiert hat, erneut, indem er ihnen einen geistlichen Text unterlegt und sie uminstrumentiert.

So hat er etwa die berühmte Alt-Arie „Bereite dich Zion" aus dem Weihnachtsoratorium ursprünglich für die weltliche Kantate „Herkules am Scheidewege" geschrieben. Diese musikalische Zweitverwertung war damals eine ganz übliche Praxis, zu der Bach auch in Anbetracht der Fülle seiner Kompositionsaufträge gar keine Alternative hatte. „Dramma per musica" überschrieb Bach zahlreiche seiner Kantaten. Mit ihrer spannungsvollen Gestaltung, den dynamischen Chören, die von Rezitativen und emotionsreichen Arien abgelöst werden, wirken viele Bach-Kantaten – vor allem in den Passionen – ausgesprochen dramatisch, ja beinahe opernähnlich. Dabei hatte sich Bach in seinem Anstellungsvertrag ausdrücklich dazu verpflichtet, daß seine Musik nicht „opernhaft" sein dürfe. Trotz einiger Kritik ließ sich der Thomaskantor nicht davon abhalten; er hielt es mit dem Hamburger Pastor

Erdmann Neumeister, der schon im Jahre 1704 die Kantate direkt mit der Oper verglichen hatte.

Neben seiner kirchenmusikalischen Arbeit schreibt er – allerdings gegen zusätzliche Honorierung – Kantaten für Jubiläen von Universitätsangehörigen und alle möglichen anderen weltlichen Anlässe. Für seine sakralen Kantaten und Oratorien benutzt er zunächst die Lutherbibel als Textgrundlage. Die Choräle entnimmt er vielfach den damals gebräuchlichen Dresdner und Leipziger Gesangbüchern, während er sich weitere Texte – u. a. für die Arien – von zeitgenössischen Dichtern schreiben läßt.

Neben dem Hamburger Theologen Erdmann Neumeister sind dies nun vor allem Leipziger Poeten, unter ihnen in erster Linie der Hobby-Dichter Christian Friedrich Henrici, dem man leider keine überdurchschnittliche poetische Begabung bescheinigen kann. Henrici, der im Hauptberuf zunächst als „Oberpostsekretär" und später als „Kreis-, Land- und Stadt-Tranksteuereinnehmer" tätig ist, veröffentlicht unter dem Pseudonym „Picander" allerlei Gelegenheitsgedichte und schreibt die Texte für die meisten Bach-Kantaten, u. a. auch für die Matthäuspassion.

Neben St. Thomas und St. Nicolai ist Bach auch für die – allerdings sehr viel bescheidenere – Kirchenmusik in der Neuen Kirche und der Peterskirche zuständig. Doch kraft seines Amtes fühlt er sich auch zur musikalischen Leitung der akademischen Feiern und Gottesdienste in der Universitätskirche St. Pauli berechtigt. Da diese Aufgabe inzwischen von dem Universitätsorganisten Johann Gottlieb Görner wahrgenommen wird, versucht Bach sich sein Recht mit mehreren Eingaben zu erstreiten.

Das blieb aber nicht der einzige Streitfall in Bachs langer Leipziger Dienstzeit. Während er mit den beiden ersten Rektoren der Thomasschule Johann Heinrich Ernesti und Johann Matthias Gesner recht gut auskam, zog der Amtsantritt von Johann August Ernesti d.J. im Jahre 1734 eine Menge Konflikte nach sich. Ausgangspunkt waren fundamentale Meinungsverschiedenheiten im Hinblick auf die Stellung der Musik innerhalb der schulischen Ausbildung. Bach räumte der Musik natürlich einen hohen Stellenwert ein und konnte sich dabei auch auf Luther berufen, der der Musik nach der Theologie den „nächsten Locum und höchste Ehre" zugesprochen hatte.

Für den Theologie- und Philosophieprofessor Johann August Ernesti war Musik dagegen nur eine Beigabe zum Gottesdienst. Wenn er die Thomasschüler beim Üben oder Musizieren antraf, fragte er sie spöttisch, ob sie etwa Bierfiedler werden wollten. Über diese Geringschätzung war Bach erzürnt, und eifersüchtig wachte er nun darüber, daß seine wirklichen – und vermeintlichen – Rechte nicht beschnitten wurden. Das führte zu einer Menge unerquicklicher Streitereien, die sich jahrelang hinzogen.

Um im ständigen Streit mit dem Leipziger Rat eine bessere Position zu erlangen, suchte Bach mehrfach Schützenhilfe bei seinem Landesherrn in Dresden. So bemühte er sich bei Friedrich August II., der im Jahre 1733 seinem Vater, August dem Starken, auf den Thron gefolgt war, um den Titel eines „Compositeur bey Sero HoffKapelle Ihrer Königlichen Majestät in Pohlen und Churfürstlichen Durchlaucht zu Sachsen etc.". Bach war im Umgang mit Fürsten geübt, er beherrschte die Hofetikette, und seine Briefe an den sächsischen Kurfürsten waren in der zeitüblich gestelzten Unterwürfigkeit formuliert. In seiner Korrespondenz mit dem Leipziger Rat befleißigte er sich eines weit weniger devoten Tones, ließ sogar recht schroffe Töne einfließen.

Doch wäre es falsch, Bach deshalb als übertrieben autoritätsgläubig anzusehen. Er war vielmehr ein guter Taktiker, der seinen Wert einzuschätzen vermochte und das Machtgefälle zwischen Dresden und Leipzig geschickt auszunutzen verstand. Im Jahre 1733 hatte er die beiden ersten Sätze der h-Moll-Messe August III. gewidmet und seinem Titelgesuch als Hofkomponist in Dresden beigelegt. Es bedurfte allerdings eines weiteren Gesuches, bis der Kurfürst Bach den ersehnten Titel verlieh.

Auch später – im Streit mit dem Thomasschulrektor Ernesti – wandte sich der Thomaskantor an seinen Landesherrn. August sollte endlich die leidige Angelegenheit als Chefsache in die Hand nehmen – und in Bachs Sinne beenden. Um seinen Kurfürsten entsprechend zu motivieren, widmete Bach ihm im Jahre 1738 sogar eine Geburtstags-Kantate, deren Text an schmeichelnder Deutlichkeit nichts zu wünschen übrig ließ: „August lebe, lebe König." Bachs Rechnung schien aufzugehen, denn kurz nach Augusts Leipzig-Besuch hörte der Streit schlagartig auf. Wahrscheinlich ist eine Weisung „von ganz oben" erfolgt.

Doch Bach fuhr nicht nur aus taktischen Gründen häufig nach Dresden, das zu den glanzvollsten Barockresidenzen Europas zählte. Nicht nur Architektur, Bildende Künste und Kunsthandwerk, sondern auch die Musik trugen zum Glanz der Stadt bei. Im Jahre 1548 wurde die Dresdner Hofkapelle – die heutige Sächsische Staatskapelle – gegründet. 1617 trat Heinrich Schütz dort sein Amt als Hofkapellmeister an, zehn Jahre später führte er mit seiner „Dafne" die erste deutsche Oper auf. Deutsche Opern und deutsche Musik wurden in Dresden besonders gefördert, manchmal auch mit repressiven Mitteln: 1694 entließ August der Starke alle „italienischen Musici", die aber bald zurückkehrten und die italienische Oper in Dresden zu besonderer Pracht führten.

Neben dem italienischen Kapellmeister und Komponisten Antonio Lotti und dem Sachsen Johann David Heinichen musizierten zeitweise auch Georg Philipp Telemann und Georg

Friedrich Händel in Dresden. Im Jahre 1731 kam der „ungekrönte König der italienischen Oper in Deutschland", der Komponist Johann Adolph Hasse, in die sächsische Residenz. Gemeinsam mit seiner Frau, der legendären Mezzosopranistin Faustina Hasse-Bordoni, prägte er die Oper, die wichtiger Bestandteil der höfischen Festkultur wurde und deren Prachtentfaltung im augusteischen Zeitalter berühmt wurde.

Obwohl Bach selbst keine Opern schreibt, weiß er das Musiktheater zu schätzen. „Friedemann, wollen wir nicht die schönen Dresdner Liederchen einmal wieder hören", sagt er zu seinem Sohn Wilhelm Friedemann, der später an der Dresdner Sophienkirche Organist wird, bevor er mit ihm zum Opernbesuch nach Dresden aufbricht. Auch Bach selbst musiziert gelegentlich hier. Berühmt wird der Wettstreit mit dem französischen Virtuosen Louis Marchand im Herbst 1717. Der 16 Jahre jüngere Bach soll gegen den berühmten Franzosen zu einem Cembalo-Wettstreit antreten. Doch zur verabredeten Zeit warten er und zahlreiche Neugierige vergeblich auf den Gegner im Palais der Grafen von Flemming. Marchand, dem Bachs Virtuosität zu Ohren gekommen zu sein scheint, hat es vorgezogen, Dresden rechtzeitig „mit der geschwinden Post" zu verlassen.

Kurz nach der Einweihung der Silbermannorgel in der Dresdner Frauenkirche gibt Bach am 1. Dezember 1736 ein großes Orgelkonzert, das – wie die Chronik vermerkt – von vielen Prominenten und Künstlern mit großer Bewunderung gehört wird. Zum Publikum gehört auch Reichsgraf Hermann Carl von Keyserlingk, der russische Gesandte am sächsischen Hof. In seinem Auftrag schreibt Bach die „Goldberg-Variationen". Der Name bezieht sich auf Johann Gottlieb Goldberg, der im Dienst von Keyserlingk steht und Schüler von Wilhelm Friedemann Bach ist. Goldberg soll angeblich mit diesem Klavierwerk seinen Protektor, den Grafen Keyserlingk, in dessen schlaflosen Nächten unterhalten haben.

In Dresden sind nahezu alle Spuren Bachs verwischt worden. Zwar stehen der Zwinger und Teile des Residenzschlosses wieder, doch die kriegszerstörte Sophienkirche ist ebenso verschwunden wie das Flemmingsche Palais, in dem Bach einst vergeblich auf Marchand wartete. Doch im Jahre 1993 hat der Wiederaufbau der Frauenkirche begonnen, und mit ihrer Vollendung bald nach der Jahrtausendwende wird Bachs wichtigste Dresdner Wirkungsstätte wiedererstanden sein. Die berühmte Silbermannorgel ist allerdings im Inferno vom 13. Februar 1945 verbrannt und damit für immer verloren.

Zusätzlich zu seinen kirchenmusikalischen Verpflichtungen übernimmt der Thomaskantor in Leipzig 1729 auch die Leitung des von Georg Philipp Telemann gegründeten Collegium Musicum, dem neben städtischen Musikern musikbegeisterte Studenten angehören. Mit den Konzerten, die im Zimmermannschen Kaffeehaus, einem im Krieg zerstörten Barockgebäude, auf der Leipziger Katharinenstraße stattfinden, begründet Bach eine Tradition, aus der später das Gewandhausorchester hervorgeht.

Im Jahre 1747, drei Jahre vor seinem Tod, unternimmt Bach noch eine bedeutsame Reise, die ihn nach Potsdam führt. Sieben Jahre zuvor hatte Friedrich II. seinen Vater, den amusischen „Soldatenkönig", auf dem Thron abgelöst und begonnen, aus der tristen Garnisonstadt Potsdam eine glänzende Rokokoresidenz zu formen. Bach trifft nur wenige Tage, nachdem das von dem Architekten Georg Wenzeslaus v. Knobelsdorff errichtete prächtige Schloß Sanssouci eingeweiht wurde, ein. Wie schon bei einem früheren Potsdam-Besuch will er seinen Sohn Carl Philipp Emanuel besuchen, der als Cembalist der preu-

ßischen Hofkapelle angehört. Doch inzwischen ist Bach berühmt genug, daß sich Friedrich für ihn interessiert. Schließlich ist der Preußenkönig auf musikalischem Gebiet außerordentlich bewandert. Er hat neben dem Bach-Sohn mit Johann Gottlieb Graun, Franz Benda und Johann Joachim Quantz bedeutende Musiker an seinen Hof geholt. Er spielt auch selbst Flöte und komponiert Konzerte für dieses von ihm so geschätzte Instrument.

Zwischen dem 7. und 8. Mai 1747 kommt es zu einer Begegnung zwischen dem preußischen König und dem sächsischen Komponisten, die wahrscheinlich in Schloß Sanssouci stattfindet. Friedrich zeigt Bach einige Hammerklaviere von Gottfried Silbermann und bittet ihn, darauf zu spielen. Doch dann kommt der König schnell zur Sache, die Wilhelm Friedemann Bach – Begleiter seines Vaters auf dieser Besuchsreise – überliefert hat: Demnach spielt Friedrich II. Bach ein Thema auf dem Cembalo vor und fordert ihn auf, „solches in Deroselben höchsten Gegenwart auszuführen".

Die Gesellschaft ist aufs höchste gespannt, doch Bach lehnt zunächst mit der Begründung ab, „daß wegen Mangels nöthiger Vorbereitung die Ausführung nicht also gerathen wolle, das Thema vollkommen auszuarbeiten, und sodann der Welt bekannt zu machen". Nach Leipzig zurückgekehrt,

schreibt er über das vorgegebene Thema verschiedene Sätze für unterschiedliche Besetzungen und widmet den gesamten Zyklus als „Musikalisches Opfer" Friedrich II.

Das „Königliche Thema" nutzte Bach zu einer seiner kunstvollsten Kompositionen. Von ganz besonderer Schönheit ist das sechsstimmige Ricercar. Viel ist über die komplizierte Struktur des Werkes, zu dem man nicht leicht Zugang findet, geschrieben worden. Ganz sicher hat Bach Vergnügen daran gefunden, dem preußischen König mit diesem Geschenk zugleich eine schwer zu bewältigende Aufgabe zu stellen. So devot das Widmungsschreiben, mit dem Bach sein Musikalisches Opfer Friedrich II. darbringt, auch anmutet, seine am Rande der Originalpartitur vermerkten lateinisch abgefaßten Fußnoten wirken leicht ironisch. Einerseits liest

Adolph von Menzels in den Jahren 1850–1852 entstandenes Gemälde „Das Flötenkonzert" hat viel zur Popularität des musischen Königs beigetragen: Friedrich II. spielte ausgezeichnet Flöte und komponierte mehrere Konzerte. Die Begegnung des Königs mit dem Thomaskantor war ein besonderer Glücksfall, denn daraus entstand mit dem „Musikalischen Opfer" eines von Bachs bedeutendsten Spätwerken.

man zwar „Wie der Notenwert möge auch das Glück des Königs wachsen", doch andererseits steht neben einem Kanon, bei dem der Komponist – wie eigentlich üblich – darauf verzichtet hatte, die Auflösung kenntlich zu machen, die Bemerkung: „Suchet, so werdet Ihr finden!"

In Potsdam hat Bach auch auf den Orgeln der Heiligengeist- und der Garnisonkirche musiziert. Beide Kirchen, wie auch das Stadtschloß, in dem vielleicht die erste Begegnung zwischen Bach und Friedrich stattgefunden haben könnte, sind im Krieg zerstört und während der SED-Herrschaft restlos beseitigt worden. Erhalten blieb Schloß Sanssouci, in dessen prachtvollem Konzertzimmer sich ein Silbermannflügel befindet, der für Friedrichs legendäre Konzerte benutzt wurde und den wahrscheinlich auch Bach gespielt hat.

An seinem Lebensende hat Bach mit Krankheiten zu kämpfen, so daß seine Schaffenskraft merklich nachläßt. Es fehlt ihm die Kraft, sein Amt in der gewohnten Weise auszuüben. Im Frühjahr 1750 unterzieht er sich zwei ebenso schmerzhaften wie erfolglosen Augenoperationen. Er stirbt am 28. Juli 1750, ohne sein großes Spätwerk „Kunst der Fuge" noch vollenden zu können. Glaubt man Bachs erstem Biographen Forkel, so hat er als letzte Komposition seinem Schüler Johann Christoph Altnickol den Choral „Vor deinen Thron tret' ich" vom Krankenbett aus diktiert.

Bach wird auf dem Johannisfriedhof beigesetzt, doch bald ist sein Grab nicht mehr aufzufinden. Im Jahre 1836 berichtet Robert Schumann in einem Brief aus Leipzig das folgende Erlebnis: „Eines Abends ging ich nach

Um Mitglied in der Leipziger „Correspondirenden Societät der musicalischen Wissenschaften" werden zu können, mußte sich Bach von einem anerkannten Maler porträtieren lassen. Er beauftragte Elias Gottlob Haussmann – und so entstand im Jahre 1746 das einzige eindeutig authentische Bildnis des Komponisten. Heute befindet es sich in Leipzigs Altem Rathaus.

dem Leipziger Kirchhof, die Ruhestätte eines Großen aufzusuchen; viele Stunden lang forschte ich kreuz und quer, und ich fand kein ‚J.S. Bach' –, und als ich den Totengräber danach fragte, schüttelte er über die Obskurität des Mannes den Kopf und meinte, Bachs gäbs viele."

Erst Ende des 19. Jahrhunderts konnte der Leipziger Anatom Wilhelm His in der nach Forschungen von Gustav Wustmann aufgefundenen Grabstelle Bachs Skelett eindeutig identifizieren. Anschließend wurden seine sterblichen Überreste im Jahre 1897 in einer Gruft der Johanniskirche beigesetzt. Nach deren Zerstörung im Zweiten Weltkrieg überführte man den Sarg an seinen endgültigen Platz im Chorraum der Thomaskirche, wo er sich seitdem unter einer schlichten Bronzeplatte mit Bachs Namenszug befindet.

Unter den zahlreichen Leipziger Bachstätten steht die als Stiftskirche der Augustinerchorherren im 12. Jahrhundert gegründete Thomaskirche im Vordergrund des Interesses. Diese gotische Hallenkirche war Bachs wichtigste Wirkungsstätte, doch sie hat sich seit der ersten Hälfte des 18. Jahrhunderts erheblich verändert. Heute wird der Innenraum vor allem durch eine neugotische Umgestaltung aus dem späten 19. Jahrhundert bestimmt. Im Jahre 1895 wurde das „Bachfenster" an der Südseite eingeweiht, in dessen Zentrum ein Porträt des Komponisten zu sehen ist. Die Thomaskirche nimmt als Heimstatt des Thomanerchores einen

zentralen Platz in der Pflege der Bachschen Musik ein. Die Aufführung der großen Oratorien und Passionen gehört ebenso selbstverständlich dazu, wie die wöchentlich stattfindenden Motetten und die musikalische Gestaltung der Gottesdienste. Vor der Südseite der Thomaskirche steht das neue Bachdenkmal des Leipziger Bildhauers Carl Seffner. Anfang des 20. Jahrhunderts hielt man das auf Initiative von Mendelssohn-Bartholdy errichtete alte Bachdenkmal nicht mehr für ausreichend. Das neue Denkmal zeigt den Thomaskantor mit einer Notenrolle in der rechten Hand, während er mit der linken auf einen Orgelspieltisch weist. Bevor das Denkmal am 17. Mai 1908 im Beisein von Max Reger eingeweiht werden konnte, mußte ein anderer bedeutender Leipziger weichen. Denn dort, wo Bach heute so selbstbewußt und repräsentativ vor seiner Thomaskirche steht, hatte sich ursprünglich das Denkmal des Philosophen Gottfried Wilhelm Leibniz befunden, das nun in den Universitätsbereich versetzt wurde.

Direkt gegenüber der Thomaskirche befindet sich im Bosehaus (Thomaskirchhof 16) das Bach-Museum. Bach, der mit seiner Familie die später abgerissene alte Thomasschule bewohnte, war mit dem Gold- und Silberhändler Georg Heinrich Bose nicht nur benachbart, sondern auch befreundet. Im kleinen Konzertsaal im hinteren Flügel des Bosehauses, der heute als „Bachsaal" für Kammermusikveranstaltungen genutzt wird, hat Bach häufig musiziert. 1985, anläßlich Bachs 300. Geburtstag, wurde im vorderen Flügel ein Bachmuseum eingerichtet, das ausführlich und sehr anschaulich über Bachs Leipziger Zeit informiert. Gezeigt werden u.a. Kupferstiche, historische Dokumente, zeitgenössische Instrumente und Mobiliar aus dem frühen 18. Jahrhundert.

Vom Thomaskirchhof sind es nur ein paar Schritte bis zum Markt, dessen Ostseite vom Alten Rathaus begrenzt wird. Das 1556 nach Plänen des Architekten Hieronymus Lotter, der gleichzeitig das Amt des Bürgermeisters innehatte, errichtete Gebäude zählt zu den schönsten Renaissancerathäusern in Deutschland. Am 5. Mai 1723 hat es Bach zum erstenmal betreten. Er ging die Treppe hinauf und trat in die Ratsstube ein, um dort von seiner Wahl zum Thomaskantor unterrichtet zu werden. In einem Protokoll, das im Leipziger Stadtarchiv aufbewahrt wird, heißt es dazu, daß sich zwar viele um das Amt beworben hatten, „er aber vor den capablesten (als der am besten geeignete) dazu erachtet worden, So hätte man Ihn einhellig erwehlet".

Bach hat die Ratsstube auch später häufiger aufgesucht, allerdings meist aus weniger erfreulichen Gründen, da es an Streitigkeiten zwischen ihm und dem Rat nicht mangelte. In dem original erhaltenen Raum, der sich dem prachtvollen Festsaal anschließt, befindet sich das einzige Bachporträt, dessen Authentizität eindeutig belegt ist. Der Maler Elias Gottlob Haussmann hat es im Jahre 1746 geschaffen, weil Bach ein Porträt benötigte, um als Mitglied in die „Correspondierende Societät der musikalischen Wissenschaften" aufgenommen werden zu können. Das Alte Rathaus beherbergt heute das Stadtgeschichtsmuseum und verfügt über einen wertvollen Bestand, der auch umfassend Auskunft über die Leipziger Musikgeschichte gibt. Im Festsaal finden regelmäßig Konzerte statt.

Über das Salzgäßchen, das sich der Nordseite des Marktes anschließt,

und das Schuhmachergäßchen gelangt man zur Nicolaikirche, Leipzigs größtem Sakralbau. Die Kirche, deren Name sich seit 1989 vor allem mit der Friedlichen Revolution verbindet, hat eine lange Baugeschichte, die von der Romanik bis zum Klassizismus reicht. Prägend ist heute der prachtvoll gestaltete klassizistische Innenraum, der nach Entwürfen des Architekten Johann Friedrich Dauthe gestaltet und mit Gemälden von Goethes Zeichenlehrer Adam Friedrich Oeser ausgestattet worden ist. Bach hat hier am 30. Mai 1723 seine Antrittskantate „Die Elenden sollen essen" aufgeführt und allgemein – nicht anders als in der Thomaskirche – die Kirchenmusik betreut. Viele wichtige Bachwerke, darunter das Weihnachtsoratorium und das Magnificat, sind hier, und nicht in der Thomaskirche, uraufgeführt worden.

Eine weitere Stätte, die mit Bachs Namen verbunden ist, befindet sich am Johannisplatz, neben dem Alten Johannisfriedhof, wo Bachs erste Grabstätte war. Hier, im Musikinstrumentenmuseum der Leipziger Universität, wurde Bach ein ganzer Saal gewidmet. Er enthält eine wertvolle Instrumentensammlung aus der ersten Hälfte des 18. Jahrhunderts. Die ausgestellten Stücke sind überwiegend von Leipziger Meistern gefertigt worden. Bach, der sich immer auch für die Instrumentenherstellung interessierte, hatte vielfältige Beziehungen zu Leipziger Meistern. Musikinstrumente aus Bachs eigenem Besitz sind hier allerdings nicht zu sehen, sie wurden bald nach seinem Tod von den Erben verkauft.

Bachs Leben sowie die Edition und Analyse seiner Werke beschäftigen zahlreiche Musikwissenschaftler in aller Welt.

Fachleute stellen seine musikalische Innovation in den Vordergrund, die Souveränität, mit der er sich traditioneller Formen – wie der Fuge, der Suite oder des Präludiums – bediente und sie zu höchster Vollendung führte. In seinem Spätwerk zeigt sich ein ausgeprägtes theoretisches Interesse, von dem die musikhistorisch so bedeutsamen Werke wie der zweite und abschließende Teil des „Wohltemperierten Klaviers" zeugen. Die 24 Prä-

ludien und Fugen in allen Dur- und Moll-Tonarten, die „Canonischen Veränderungen", das „Musikalische Opfer" und nicht zuletzt „Die Kunst der Fuge" verdeutlichen dies ebenfalls. Doch so hoch die Musikwissenschaft das Spätwerk auch einschätzt, aufgrund seines vielfach vergeistigt-spekulativen Charakters ist es gewiß der Werkkomplex Bachs, zu dem sich am schwersten Zugang finden läßt.

Die ungebrochene Lebendigkeit seines Werkes rührt wohl eher aus der Genialität, mit der es Bach immer wieder gelungen ist, Poesie und Dramatik, Dynamik und atemberaubende musikalische Kreativität zu verbinden. Daß Bach heute der weltweit am meisten gespielte Komponist ist, erklärt sich aber vor allem aus der tiefen Menschlichkeit, die seine Musik zu einem ganz persönlichen Erlebnis werden läßt, ganz gleich ob es sich um Orgel- oder Klavierwerke, sakrale Kantaten und Oratorien oder Kammermusik handelt. „Für mich ist Bach der größte Prediger", schrieb der Pariser Komponist und Organist Charles Marie Widor bereits 1907 im Vorwort zu Albert Schweitzers berühmtem Bach-Buch: „Seine Kantaten und Passionen bewirken eine Ergriffenheit der Seele, in welcher der Mensch für alles Wahre und Einende empfänglich und über das Kleine und Trennende erhoben wird."

V

on 1723 bis
1750 wirkte Johann
Sebastian Bach als
Thomaskantor in Leipzig.
In dieser mit 27 Jahren am
längsten andauernden
Lebensperiode war die
spätgotische Thomaskirche
seine Hauptwirkungsstätte.
Für den Thomanerchor, der
hier, außer in Ferienzeiten,
regelmäßig mit den
Motetten und in den
Gottesdiensten zu hören
ist, gehört die Pflege des
Bachschen Erbes zu den
wichtigsten Aufgaben.

S chon bald
nach Bachs Tod geriet sein
Grab in Vergessenheit. Erst
Ende des 19. Jahrhunderts
konnte die Grabstelle
wieder aufgefunden und
das Skelett des Thomas-
kantors identifiziert
werden. Im Jahre 1897
wurden Bachs sterbliche
Überreste in einer Gruft
der Leipziger Johannis-
kirche beigesetzt. Nach
deren Zerstörung im
Zweiten Weltkrieg
überführte man den Sarg an
seinen endgültigen Platz im
Chorraum der
Thomaskirche, wo er sich
seitdem unter einer
schlichten Bronzeplatte
befindet.

D

ie
prachtvolle klassizistische
Innengestaltung der
Leipziger Nicolaikirche
entstand von 1784 bis 1797,
Jahrzehnte nach dem Tod
von Johann Sebastian
Bach. Da er für die
musikalische Gestaltung
der Gottesdienste in beiden
Leipziger Hauptkirchen
verantwortlich war, wurden
zahlreiche Werke Bachs in
St. Nicolai uraufgeführt.
Dazu zählen u. a. das
Weihnachtsoratorium und
das Magnificat.

L eip-
zigs Altes Rathaus wurde
im Jahre 1556 nach Plänen
und unter Leitung von
Hieronymus Lotter
innerhalb von nur neun
Monaten erbaut. Es ist das
älteste und eines der
schönsten Renaissance-
rathäuser in Deutschland.
Am 5. Mai 1723 betrat Bach
das Rathaus zum
erstenmal, um dort von
seiner Wahl zum
Thomaskantor unterrichtet
zu werden. In der original
erhaltenen historischen
Ratsstube, die sich dem
prächtigen Festsaal
anschließt, wird Elias
Gottlob Haussmanns
berühmtes Bach-Porträt
aus dem Jahre 1746
aufbewahrt.

Die wichtigsten Bachstätten

Arnstadt
Neue Kirche oder Bachkirche
Am Marktplatz
99310 Arnstadt
Anmeldung Stadtkirchenamt
Pfarrhof 3
Tel.: 03628 / 36 70
Musikalische Darbietung nach
Vereinbarung
Tel.: 03628 / 30 97 oder 37 70

Bach-Gedenkstätte im Stadtmuseum
Haus „Zum Palmenbaum"
Markt 3
99310 Arnstadt
Tel.: 03628 / 29 78
Mo. – Fr.   8.30 – 12.30 Uhr und
            13.00 – 17.00 Uhr
Sa./So.   9.30 – 17.00 Uhr
Führungen nach Vereinbarung

Dornheim
Pfarrkirche St. Bartholomäi
Hauptstraße
99310 Dornheim
Vereinbarung für Besichtigungsmöglichkeiten: Bäckerei Poppitz
Tel.: 03628 / 30 58

Eisenach
Bachhaus
Frauenplan 21
99817 Eisenach
Tel.: 03691 / 20 37 14
Fax: 03691 / 7 64 37
Oktober – März
Mo.   13.00 – 16.45 Uhr
Di. – So.   9.00 – 16.45 Uhr
April – September
Mo.   12.00 – 17.45 Uhr
Di. – So.   9.00 – 17.45 Uhr

Georgenkirche
Am Markt
99817 Eisenach
geöffnet täglich 10.00 – 17.00 Uhr
Stadtkirchnerei
Pfarrberg 2
Tel.: 03691 / 73 26 62
Musikalische Darbietung nach
Vereinbarung

Hamburg
Jacobikirche
Jacobikirchhof 22
20095 Hamburg
Tel.: 040 / 32 77 44
Mo. – Fr. 10.00 – 16.00 Uhr
Sa.   10.00 – 13.00 Uhr

Katharinenkirche
Katharinenkirchhof 1
20457 Hamburg
Tel.: 040 / 33 62 75
Mai – September
Mo. – Fr. 9.00 – 18.00 Uhr
Oktober – April
Mo. – Fr. 9.00 – 16.00 Uhr

Köthen
Schloß
06366 Köthen
Tel.: 03496 / 25 46

Agnuskirche
Stiftstraße 11
06366 Köthen
Tel.: 03496 / 20 84
Besichtigung nach Vereinbarung

Jakobskirche
Marktplatz
06366 Köthen
Tel.: 03496 / 41 57

Bach-Gedenkstätte im Historischen
Museum
Museumsstraße 4 – 5
06366 Köthen
Tel.: 03496 / 26 27
Mi.   9.00 – 12.00 Uhr und
      14.00 – 17.00 Uhr
Sa.   14.00 – 17.00 Uhr
So.   10.00 – 12.00 Uhr und
      14.00 – 17.00 Uhr

Leipzig
Thomaskirche
Thomaskirchhof 18
04109 Leipzig
Tel.: 0341 / 28 71 03
November – März
täglich 8.00 – 17.00 Uhr
April – Oktober
täglich 8.00 – 18.00 Uhr
Motetten freitags 18.00 Uhr, samstags 15.00 Uhr und sonntags 9.30 Uhr
und 18.00 Uhr in Verbindung mit
dem Gottesdienst

Nikolaikirche
Nikolaikirchhof 3
04109 Leipzig
Tel.: 0341 / 20 09 52
geöffnet Mo. – Sa. 10.00 – 18.00 Uhr

Bach-Museum im Bosehaus
Thomaskirchhof 16
04109 Leipzig
Tel.: 0341 / 78 66
Fax: 0341 / 27 53 08
geöffnet Di. – So. 9.00 – 17.00 Uhr
Kammermusikalische Veranstaltungen im historischen Bachsaal,
nach Vereinbarung Führungen auf
den Spuren Bachs.

Altes Rathaus
Markt 1
04103 Leipzig
Tel.: 0341 / 7 09 21
Di. – Fr.   10.00 – 18.00 Uhr
Sa./So.   10.00 – 16.00 Uhr

Musikinstrumentenmuseum
Täubchenweg 2c – e
04103 Leipzig
Tel.: 0341 / 214 21 20
Di. – Fr.   9.00 – 17.00 Uhr
Sa./So.   10.00 – 17.00 Uhr

Lübeck
Marienkirche
Marienkirchhof
23552 Lübeck
Tel.: 0451 / 7 49 01
geöffnet täglich 9.00 – 18.00 Uhr

Lüneburg
Michaeliskirche
Johann-Sebastian-Bach-Platz
21335 Lüneburg
Tel.: 04131 / 3 75 49
geöffnet täglich 10.00 – 12.00 Uhr
und   14.00 – 17.00 Uhr

Johanniskirche
Bei der St. Johanniskirche 2
21335 Lüneburg
Tel.: 04131 / 4 45 42
täglich geöffnet

Nicolaikirche
Lüner Straße
21335 Lüneburg
Tel.: 04131 / 3 22 90
geöffnet täglich 8.30 – 18.00 Uhr
(Sommer), 9.00 – 17.00 Uhr (Winter)

Mühlhausen
Pfarrkirche Divi Blasii
Johann-Sebastian-Bach-Platz
99974 Mühlhausen
Tel.: 03601 / 29 01

Hauptpfarrkirche St. Marien
Am Obermarkt
99974 Mühlhausen
Tel.: 03601 / 7 00 21
geöffnet Sa. – Do. 10.00 – 16.30 Uhr
freitags nur im Juli und August geöffnet, sonst nach Vereinbarung

Rathaus
Ratsstraße 19
99974 Mühlhausen
Tel.: 03601 / 45 20
geöffnet Di. – Fr. 10.00 – 12.00 Uhr
und   14.00 – 16.00 Uhr
und nach Vereinbarung

Stadtarchiv
Ratsstraße 19
Tel.: 03601 / 45 21 41
geöffnet Mo. – Fr. 11.00 – 12.00 Uhr
und   15.00 – 16.00 Uhr
und nach Vereinbarung

Ohrdruf
Heimatmuseum im Schloß
Ehrenstein
Schloßplatz 1
99885 Ohrdruf
Tel.: 0362 / 23 29
geöffnet So. – Do. 9.00 – 16.00 Uhr
und nach Vereinbarung

Potsdam
Schloß Sanssouci
14414 Potsdam
Tel.: 0331 / 9 69 41 85
9.00 – 17.00 Uhr (Sommer) und
9.00 – 16.00 Uhr (Winter)

Wechmar
Gedenkstätte Bachhaus
Bachstraße 4
99869 Wechmar
Tel.: 036256 / 2 26 80
geöffnet Mi. – So. 13.00 – 17.00 Uhr
und nach Vereinbarung

Weimar
Stadtkirche St. Peter und Paul
Herderplatz 8
99423 Weimar
Tel.: 03643 / 20 23 48
geöffnet täglich   9.00 – 12.00 Uhr
und   13.00 – 15.00 Uhr

Rotes Schloß
Markt 15
99423 Weimar
Tel.: 03643 / 76 20

21. März 1685 Geburt Johann Sebastian Bachs in Eisenach
23. März 1685 Taufe Johann Sebastian Bachs in der Eisenacher Georgenkirche
1693 Besuch der Eisenacher Lateinschule
1694 Tod der Mutter
1695 Tod des Vaters
1696 – 1700 Bach lebt bei seinem älteren Bruder Johann Christoph in Ohrdruf und besucht dort das Gymnasium
1700 – 1702 Schulzeit in Lüneburg (Michaelisschule), Besuche in Celle und Hamburg
1703 Bach wirkt kurzzeitig als Kammermusiker an der Hofkapelle des Herzogs Johann Ernst von Sachsen-Weimar
1704 Erste Stelle als Organist an der Neuen Kirche (heute Bachkirche) zu Arnstadt
1705 Viermonatige Studienreise zu Dietrich Buxtehude nach Lübeck
1707 Organist an der St. Blasiuskirche zu Mühlhausen
17. Oktober 1707 Trauung mit Maria Barbara in der Dorfkirche von Dornheim nahe Arnstadt
1708 Uraufführung der Ratswechselkantate „Gott ist mein König" in Mühlhausen
1708 Stelle als Organist und Kammermusiker am Weimarer Hof
1710 Geburt des ältesten Sohnes Wilhelm Friedemann
1714 Geburt des Sohnes Carl Philipp Emanuel
1717 Kurzzeitige Haft in Weimar und anschließend Antritt der Stelle als Hofkapellmeister des Fürsten Leopold von Anhalt-Cöthen
1719 Bach versucht vergeblich, Georg Friedrich Händel zu treffen
1720 Tod von Maria Barbara. Komposition der drei Violinkonzerte. Reise nach Hamburg und erfolglose Bewerbung um die Organistenstelle an der dortigen Jacobikirche
1721 Brandenburgische Konzerte
3. Dezember 1721 Trauung mit Anna Magdalena, geb. Wilcke
1722 Erstes Klavierbüchlein für Anna Magdalena Bach

22. Mai 1723 Umzug nach Leipzig, wo Bach die Stelle des Thomaskantors antritt
7. April 1724 Uraufführung der Johannespassion
1725 Eingaben an seinen Landesherrn, den sächsischen Kurfürsten August den Starken
15. April 1729 Möglicherweise Uraufführung der Matthäuspassion
29. Juni 1729 Bach versucht erfolglos, Händel nach Leipzig einzuladen
23. August 1730 Eingabe an den Rat der Stadt
1732 Geburt des Sohnes Johann Christoph Friedrich
25. – 27. Dezember 1734 Weihnachtsoratorium Kantaten I – III
1., 2. und 6. Januar 1735 Weihnachtsoratorium Kantaten IV – VI
1735 Geburt des Sohnes Johann Christian
1. Dezember 1736 Konzert an der neuen Silbermannorgel der Dresdner Frauenkirche
1736 Ernennung zum kurfürstlich-sächsischen Hofkomponisten
1742 Goldberg-Variationen
1744 Wohltemperiertes Klavier Teil II abgeschlossen
Mai 1747 Potsdam-Aufenthalt, anschließend „Das Musikalische Opfer" für Friedrich II.
1748 „Einige canonische Veränderungen über das Weihnachtslied: Vom Himmel hoch, da komm ich her"
März und April 1750 Zwei erfolglose Augenoperationen
28. Juli 1750 Johann Sebastian Bachs Tod
31. Juli Begräbnis auf dem Alten Johannisfriedhof
1897 Nach Identifizierung des Skeletts Beisetzung in einer Gruft der Leipziger Johanniskirche
1949 Nach der Kriegszerstörung der Johanniskirche Umbettung der sterblichen Überreste an ihren endgültigen Platz im Chorraum der Leipziger Thomaskirche

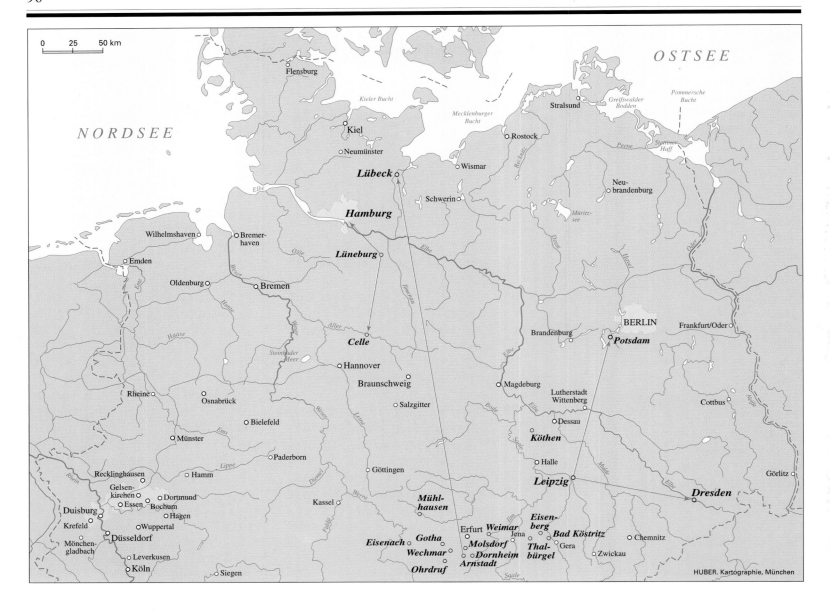